ISHVARA

CANALIZZAZIONI

di Angeli custodi, Spiriti guida ed Esseri di Luce

Herstellung und Verlag: BoD - Books on Demand, Norderstedt

ISBN 978-3-7448-9267-4

Sommario

INDICE TEMATICO

Introduzione:

Chi ci conosce, un po' se l'aspettava; e quindi, eccovi un'altra novità che nemmeno noi, questa volta, ci aspettavamo di certo!

Ci scusiamo già sin d'ora se la scelta fatta andrà a urtare la sensibilità di qualcuno, non è certo questa la nostra intenzione.

Visto che molte informazioni generali sulla medianità sono facilmente consultabili in internet, ci è sembrato inutile riprenderle.

Questo libro è stato scritto per persone che sono interessate a un cammino spirituale.

Ultima, ma non per questo meno importante, annotazione: le informazioni contenute nel presente libro provengono da una fonte metafisica e non scientifica.

Lasciamo subito la parola a Ishvara.

Che ci sia Amore nei vostri Cuori e ovunque.

Maria e Dawio

DEFINIZIONE: le Canalizzazioni (Channeling) sono le parole (Energia) sacre che, tra il Sé superiore e quello inferiore, passano attraverso il corpo e la mente (Canalizzatori) per manifestarsi.

I Canalizzatori della presente Canalizzazione sono: Maria e Dawio.

Loro sono dei canali di carattere spirituale.

Chi è Ishvara? (Risposta canalizzata giovedì 29 giugno 2017 alle ore 16.00 per il tramite della tavola medianica)

Rappresento anche gli Angeli custodi, gli Spiriti guida e TUTTA quanta la Manifestazione e, nello stesso istante, rappresento anche TUTTO ciò che è al di là della Manifestazione e, dalla Loro Unione, ecco fiorire Dio, l'Assoluto, l'illimitata Coscienza universale e impersonale, l'Uno, la Vacuità, l'AMORE...

Nel glossario sanscrito (antica lingua dell'India) troviamo la seguente definizione di Ishvara: l'Essere universale principio di ogni manifestazione.

A partire dalla Bhagavadgita, Ishvara diviene il titolo del "Dio supremo" e così verrà utilizzato, nel periodo post, vedico, per riassumere i differenti nomi delle divinità.

Alcune regole della Canalizzazione

La Canalizzazione è un'opportunità, rivolgendosi a un Canalizzatore, di ricevere dei messaggi dal proprio Spirito guida.

Ci sono alcuni consigli che i Canalizzatori conoscono, o meglio, che sarebbe opportuno che conoscessero.

Qui di seguito, troviamo alcuni consigli per cercare di riconoscere, nel limite delle proprie possibilità e al di là di ogni giudizio di valore, se i messaggi provengono da Entità realmente evolute:

1. Tutti canalizziamo.
2. Poiché facciamo delle Canalizzazioni, subentra una certa responsabilità.
3. Il messaggio dovrebbe avere un certo valore per più persone.
4. Il messaggio dovrebbe avere un contenuto d'incoraggiamento, mai di ordine.
5. Il messaggio non dovrebbe cercare di ostacolare l'esercizio del libero arbitrio (io rimango libero di scegliere).
6. Il messaggio non dovrebbe violare l'integrità della persona e delle sue credenze.
7. Chi canalizza non si può presentare come unica fonte di una certa entità.
8. Il messaggio dovrebbe contenere anche informazioni nuove.

9. Il messaggio dovrebbe contenere essenzialmente riflessioni, suggerimenti ed eventuali consigli per cercare di trovare delle possibili risposte di carattere prevalentemente spirituale alle infinite domande sulla vita e sulla morte.

10. Non tutte le Canalizzazioni sono fatte con una buona intenzione.

11. La maggior parte delle Canalizzazioni ci aprirà sempre di più ai diversi piani di coscienza e per questo bisogna che i canali diventino i più puri possibili, evitando i giudizi di valore.

12. Dal momento che sappiamo di esistere, di essere coscienti di noi stessi, e riconosciamo anche che siamo un individuo con tutta la nostra memoria del passato, il fatto stesso di riconoscerlo ci fa realizzare che anche questa dimensione è parte dell'impermanenza e ciò che si realizza è il totale Abbandono, il che equivale alla morte dell'io sull'altare dell'Immortalità; questo è parte integrante di un profondo processo di purificazione che renderà il canale ulteriormente purificato.

13. I messaggi dovrebbero essere sempre pieni d'Amore e mai di paure.

14. Sentiamo se l'energia ci è familiare e se ci sentiamo a casa.

15. Il messaggio dovrebbe farci crescere e ispirare.

16. Lo spirito non dovrebbe presentare un canale come sua unica fonte.

17. Nei messaggi delle Canalizzazioni ci dovrebbero essere anche dei consigli spirituali per aiutare il/la cliente a conoscersi meglio e a progredire sul cammino spirituale, sentendo fiorire ovunque la Grazia di poter vivere una vita nella Beatitudine dell'Amore.

18. Lo spirito non è di propria proprietà e la Verità è accessibile a tutti.

19. Dubitate dei messaggi che mettono troppa attenzione sulle questioni riguardanti gli UFO, gli Extraterrestri, le Comete e l'intero Universo.

Le Entità benevole non amano fare predizioni del futuro. L'unico obiettivo di un Angelo custode, di una Guida spirituale e di qualsiasi Essere di Luce è quello di aiutarci a vivere meglio e a crescere nell'Amore.

1° SESSIONE DI CANALIZZAZIONE

Giovedì 29 giugno 2017 ore 16.00 – 17.30

Noi, Maria e Dawio, abbiamo fatto una prima SESSIONE DI CANALIZZAZIONE. Ci siamo messi dentro un cerchio fatto di Vibhuti, quattro candele ai lati fuori dal cerchio e una candela nel cerchio, la tavola per le comunicazioni medianiche, foglio con domande e cellulare per registrare ciò che facciamo. Dawio ha preso l'indice destro di Maria e Ishvara ci guidava sulla Tavola medianica (successivamente indicata come Ishvara). Questo è il risultato delle nostre prime domande:

1. Come ti chiami?
Ishvara: Ishvara.

2. Da dove vieni?
Ishvara: Shamballa.

3. Perché sei qui con noi?
Ishvara: per aiutarvi a evolvere.

4. Sei tu che metti la Vibhuti?
Ishvara: sì.

5. Come fa a formarsi la Vibhuti?
Ishvara: condensazione astrale.

6. A cosa serve la Vibhuti?
Ishvara: purificare il Cuore.

7. Cosa dobbiamo farne?
Ishvara: donarla a tutti.

8. Perché la Vibhuti è arrivata da noi?
Ishvara: perché fa parte del Piano divino e perché siete anime evolute.

9. Di cosa è fatta la Vibhuti?
Ishvara: materiale astrale organico.

Dopo la seduta è arrivata un po' di Vibhuti nel piccolo contenitore viola in metallo.

2° SESSIONE DI CANALIZZAZIONE

Venerdì 30 giugno ore 18.00 – 22.00

Stasera canalizza Maria con la tavola medianica (Ishvara) e scrive le risposte sui fogli.

1. Sei Ishvara?
Ishvara: sì.

2. Ci puoi dare un segno preciso che fa sì che ti possiamo riconoscere?
Ishvara: Vibhuti.

3. Eri tu a Sonogno a battere forte sul letto?
Ishvara: sì.

4. Che cos'è successo a Sonogno durante la notte, quando abbiamo sentito una botta fortissima sul nostro letto?
Ishvara: è avvenuta un'iniziazione.

5. Che tipo d'iniziazione?
Ishvara: una purificazione.

6. Che genere di purificazione?
Ishvara: preparazione a questo lavoro.

7. Chi è il tuo maestro spirituale?
Ishvara: Io stesso.

8. Qual è la nostra vocazione in questa vita?
Ishvara: illuminare la mente degli uomini.

9. Il progetto Ama Libera Mente, come lo abbiamo trasformato ora, va bene?
Ishvara: sì, va bene.

10. Che cosa ci suggerisci ancora a riguardo?
Ishvara: scrivere.

11. In che direzione dovremmo andare di preciso?
Ishvara: canalizzare con la scrittura automatica.

12. Tutt'e due?
Ishvara: sì.

13. Come ci consigli di prendere contatto con te in modo più veloce? Con la scrittura automatica?
Ishvara: sì.

3° SESSIONE DI CANALIZZAZIONE

Sabato 1 luglio 2017 ore 18.00 – 22.00

È arrivata un po' di Vibhuti nel piccolo contenitore viola in metallo. Oggi siamo andati in centro a Locarno a prendere un gomitolo di lana bianca grossa che ci servirà per formare il cerchio di protezione durante la Canalizzazione. Poi abbiamo fatto un bel giro fino a Cavigliano con le biciclette elettriche. Per scaricare bene la batteria, siamo andati fino a un supermercato a Tenero. Ci siamo fermati a pranzare lì e per caso abbiamo incontrato P. e S.. Ci siamo fermati a chiacchierare per un'oretta ed è stato molto interessante. Purtroppo siamo rimasti bloccati lì perché aveva iniziato a piovere a dirotto. Quando finalmente abbiamo potuto tornare a casa, una volta rientrati, mi sono resa conto di aver dimenticato il sacchetto con la lana e così siamo ritornati al supermercato con l'auto. Dawio ha detto che, se Ishvara ha tutto questo potere, allora ci farà ritrovare la lana. Ho provato a collegarmi con Ishvara e mi ha detto di andare al bagno, infatti, era lì che l'avevo dimenticata, lasciandola appesa sulla porta del bagno. Poi siamo subito rientrati a casa a fare la canalizzazione con Ishvara.

Stasera canalizza Dawio con la tavola medianica (Ishvara) e scrive direttamente le risposte sull'iPhone.

1. Sei tu Ishvara?
Ishvara: sì.

2. Com'è Shamballa?
Ishvara: è un luogo di Luce e di Amore.

3. Com'è l'aldilà?
Ishvara: è oltre la mente.

4. In che relazione sei con i Santi delle diverse religioni?
Ishvara: loro sono Me.

5. Perché hai materializzato la Vibhuti nelle mani di Sai Baba?
Ishvara: per avere Fede anche in Lui.

6. Perché hai materializzato una croce di Vibhuti sulla fronte di Gesù?
Ishvara: perché ha sofferto per voi portando la croce dell'umanità intera.

7. Perché hai materializzato la Vibhuti sulla fronte di Babaji?
Ishvara: perché mettendola sulla fronte vi aprirà l'occhio interiore.

8. Perché hai materializzato la Vibhuti sulla grande statua della Madonna?
Ishvara: perché possiate riconoscere l'Universalità dell'Energia creatrice.

9. Chi è la Madonna?
Ishvara: l'Energia creatrice.

10. Com'è l'Universo?
Ishvara: Spazio, Energia, Coscienza, Luce e Amore infiniti.

11. Perché hai materializzato la Vibhuti sulla piccola statua della Madonna?
Ishvara: per insegnarvi ad amare la Diversità.

12. Perché hai materializzato la Vibhuti sul terz'occhio nella foto di Vishwananda?
Ishvara: per insegnarvi ad Amare.

13. In che relazione sei con Vishwananda? Lui è Te?
Ishvara: anche Lui è unito a Me perché anche Vishwananda ha realizzato l'unione con il Divino, non siamo divisi ma fusionati in Dio.

14. Perché hai materializzato la Vibhuti sulla statua di Ganesha?
Ishvara: per alleggerire il vostro Karma.

15. Come possiamo utilizzare la Vibhuti per aprire il nostro cuore?

Ishvara: mettetela sul petto.

16. Sei d'accordo di pubblicare le informazioni che ci stai dando? Anche il tuo nome?
Ishvara: sì.

17. Che cosa ci suggerisci a proposito delle Canalizzazioni di gruppo?
Ishvara: vanno bene.

18. Possiamo proporre la canalizzazione agli altri?
Ishvara: sì.

19. Che tipo di canalizzazione si tratta?
Ishvara: scrittura automatica.

20. Possiamo chiamare gli incontri di canalizzazione di gruppo: Cerchio dell'Amore?
Ishvara: sì.

21. Quando possiamo proporre le Canalizzazioni di gruppo?
Ishvara: agosto 2017.

22. Dobbiamo chiedere un contributo?
Ishvara: no.

23. Offerta libera?
Ishvara: sì, va bene.

24. Chi è Dawio veramente?
Ishvara: l'Anima gemella di Maria.

25. Chi è Maria veramente?
Ishvara: nell'Essenza Tu sei Me e Io sono Te, Ishvara.

26. Se Dawio e io siamo te Ishvara, allora Ishvara chi è?
Ishvara: la vostra Essenza. Voi siete Me e Io sono Voi.

27. Perché hai materializzato la Vibhuti da noi?
Ishvara: per purificarvi e poterla dare a chi ve la chiede con Amore e Rispetto.

28. Perché ci dobbiamo ancora purificare?
Ishvara: le vostre menti sono ancora troppo piene di dubbi.

29. Dici che siamo pieni di dubbi, allora cosa dobbiamo fare?
Ishvara: ascoltate di più il vostro Cuore e non la vostra mente.

30. Ci hai detto che siamo delle Anime evolute e allo stesso tempo ci dici il contrario? Cosa vorresti dirci con questo?
Ishvara: la purificazione non riguarda solo voi ma l'intera Umanità.

31. Dove ci consigli di fare le nostre attività?
Ishvara: qui da voi.

32. Possiamo già fare delle sedute individuali di canalizzazione?
Ishvara: non ancora perché dovete essere più sicuri di voi stessi.

33. Che tipo di domande possono farti durante le Canalizzazioni di gruppo?
Ishvara: possono farmi delle domande sul proprio cammino spirituale.

34. A chi possiamo proporre le Canalizzazioni?
Ishvara: a coloro che vi crederanno nel loro Cuore.

35. Ci puoi dare qualche spiegazione al riguardo della Sadhana (pratiche spirituali)? Ishvara: la Sadhana vi verrà data di momento in momento. Abbiate fiducia. Siete guidati e protetti con tanto Amore.

36. Che tipo di Sadhana consigli a Dawio e Maria? Mantra o altro?
Ishvara: sì. Mantra, preghiere e tutto ciò che viene fatto con Amore.

37. Quale Mantra o preghiera suggerisci a Dawio e Maria? Om Namò Narayanaya.

38. Il cerchio di protezione va bene come l'abbiamo preparato noi?
Ishvara: sì, nessuno dovrà entrare nel cerchio.

39. Possiamo già fare la canalizzazione con la scrittura automatica per andare più veloce?
Ishvara: sì.

40. Come funziona?
Ishvara: mettetevi in meditazione, chiudete gli occhi, canalizzate la risposta e scrivetela sul foglio. Io vi aiuterò a fare in modo che ciò che scriverete sarà giusto per la persona a cui sarà indirizzato il messaggio. Grazie di Cuore.

41. Facciamo una prova: Maria canalizza con la tavola e Dawio verifica con la scrittura automatica. Come ci consigli di procedere?
Risposta con la tavola medianica (Ishvara): chi canalizza scrive.
Risposta canalizzata da Dawio: chi canalizza scrive la risposta.

42. Canalizziamo tutti e due?
Ishvara: sì.

43. Come potranno crederci gli altri se usiamo solo la scrittura automatica?
Ishvara: crederanno solo coloro che hanno Fede.

44. In che modo Maria riuscirà a fare la scrittura automatica durante le Canalizzazioni di gruppo?
Ishvara: scrivendo con Fede.

Al termine della canalizzazione è arrivata la Vibhuti nel piccolo contenitore viola in metallo, si è riempito tutto.

4° SESSIONE DI CANALIZZAZIONE

Domenica 2 luglio 2017 ore 18.00 – 22.00

Oggi canalizza Maria con la scrittura automatica (alla 21° domanda la risposta è stata canalizzata anche da Dawio con la scrittura automatica) e scrivendo direttamente sui fogli. Dopo ogni domanda, abbiamo usato anche la tavola medianica (Ishvara) per verificare se le risposte corrispondevano.

1. Che tipo di meditazione consigli a Maria e Dawio?
Ishvara: il silenzio e il mantra che vi ho dato.

2. Qual è il messaggio al riguardo della Vibhuti sulla statua di Gesù?
Ishvara: Amore è anche sacrificio.

3. A cosa è collegata l'Energia creatrice?
Maria: Universo.
Ishvara: all'Energia universale.

4. Parlaci degli Extraterrestri?
Maria: sono forme di Energia e Luce.
Ishvara: sono forme di Energia e Luce nell'Universo.

5. Alle persone del gruppo di canalizzazione è consentito entrare nel cerchio?
Ishvara: no.

6. Come dobbiamo fare la SESSIONE DI CANALIZZAZIONE?
Maria: con una meditazione nel silenzio, scrivendo le risposte che io vi darò e le altre istruzioni arriveranno durante le sedute.
Ishvara: iniziate con la meditazione nel silenzio e scrivete le risposte su un foglio.

7. Quando sappiamo fare bene la scrittura automatica possiamo usare il computer per trascrivere i messaggi?
Ishvara: sì.

8. È possibile, più avanti, usare anche la voce?
Ishvara: sì.

9. Si può registrare?
Ishvara: sì.

10. Come preferisci che ti presentiamo agli altri?
Ishvara: come Ishvara.

11. Che tipo di vita c'è nell'Universo?
Maria: Angeli, Esseri di Luce e infinite altre forme di vita.
Ishvara: la maggior parte sono forme di vita che vibrano in armonia, nell'Amore e nella Luce.

12. Cosa possiamo fare noi per la povertà nel mondo?
Maria: meditare per la pace nel mondo. Mandare Luce e Amore nel mondo. Seguire la via del Signore e dell'Amore.
Ishvara: aiutare in vari modi, pregare e meditare per i bisognosi.

13. Cosa ne pensi della sessualità e la pornografia?
Maria: amatevi liberamente e liberatevi della pornografia.
Ishvara: amatevi liberamente e non avrete più bisogno della pornografia.

14. Come dobbiamo comportarci con chi ci viene contro o è invidioso?
Maria: abbiate Fede, mandate Luce e Amore, rimanete nel Silenzio, siete protetti e guidati da Me.
Ishvara: amateli ma siate fermi nelle vostre decisioni.

15. Come mai c'è così tanta diversità sulla Terra?
Maria: per insegnare ad amarvi.
Ishvara: per insegnarvi ad amare.

16. Qual è il senso della vita?
Maria: amare incondizionatamente, andare verso la Luce e la Libertà, creare relazioni umani valide, liberarsi dal karma, entrare in contatto con l'Energia creatrice, Dio, imparare ad avere Fede.
Ishvara: crescere nell'Amore.

17. Come facciamo a capire quali sono le persone giuste per le Canalizzazioni?

Maria: aprite il Cuore, vi guido Io, abbiate Fede.

Ishvara: arriveranno solo seri interessati, voi accoglieteli con Amore.

18. Chi verrà alle sedute?

Maria: elenco di alcuni nomi che conosciamo e altri no.

Ishvara: alcune persone che già conoscete, altre arriveranno nuove.

19. Sei d'accordo se scriviamo un libro dedicato a Te?

Maria: sì, grazie di Cuore.

Ishvara: sì, ma dedicatelo agli Angeli custodi, Spiriti guida ed Esseri di Luce.

20. Che titolo vorresti per questo libro?

Maria: Angeli ed Esseri di Luce.

Ishvara: Canalizzazioni di Angeli custodi, Spiriti guida ed Esseri di Luce.

21. Perché ci fai scrivere nel libro che canalizziamo anche con gli Esseri di Luce?

Maria: perché sono più vicini a voi e la vostra Terra, fanno da intermediari tra la Terra e l'Universo, non hanno forma né corpo e hanno bisogno di voi per agire direttamente sulla materia.

Dawio: perché gli Esseri di Luce con cui canalizzate saranno gli Angeli custodi, gli Spiriti guida o altri Esseri di Luce che guidano chi mi farà le domande.

Ishvara: comunico con le persone interpellando gli Esseri di Luce che sono Spiriti guida personali.

22. Com'è possibile vedere/avere un'immagine di Te?
Maria: nei vostri sogni o come Luce.
Ishvara: guardate Vishnu ed io sarò ancora più oltre.

Alla fine ci congediamo e andiamo a vedere la statua di Vishnu che ci aveva portato S. dall'Ashram di Vishwananda e con nostra grande sorpresa scopriamo della Vibhuti sulle quattro braccia e le rispettive mani e sulle spalle.

5° SESSIONE DI CANALIZZAZIONE

Mercoledì 5 luglio 2017 ore18.00 – 23.00

Oggi canalizza Dawio con la scrittura automatica (alla 18°, 40° domanda la risposta è stata canalizzata anche da Maria con la scrittura automatica) e scrivendo direttamente le risposte sui fogli. Dopo ogni domanda abbiamo usato anche la tavola medianica (Ishvara) per verificare se le risposte corrispondevano.

1. Perché nessuno può entrare nel cerchio di canalizzazione?
Dawio: per protezione.
Ishvara: per protezione.

2. Cosa intendi per amare liberamente?
Dawio: senza attaccamento né possessività.
Ishvara: senza attaccamento e senza possessività.

3. Tu dici di iniziare in agosto con le Canalizzazioni? Che giorni e quale orario preferisci?
Dawio: venerdì 20.30.
Ishvara: venerdì 20.30.

4. Come devono essere scritte le domande dagli altri? Dette a voce alta, solo scritte, solo pensate? Come preferisci?
Dawio: ad alta voce.
Ishvara: ad alta voce.

5. Il venerdì sera a partire da settembre vorremmo proporre di nuovo yoga e meditazione.
Che cosa ci suggerisci a tal proposito?
Dawio: spostate lo yoga.
Ishvara: spostate lo yoga.

6. Quale giorno della settimana?
Dawio: giovedì 20.30.
Ishvara: giovedì 20.30.

7. Dove?
Dawio: qui.
Ishvara: qui (a casa nostra a Minusio).

8. Cosa ci consigli per le serate di Yoga e Meditazione?

Dawio: yoga meditativo con asana e altro, semplici da fare.

Ishvara: yoga meditativo con asana e altre tecniche semplici.

9. Cosa preferisci che scriviamo nell'introduzione del libro sulle Canalizzazioni?

Dawio: sentitevi liberi, Io vi guiderò.

Ishvara: sentitevi liberi, Io vi guiderò.

10. Che nomi usiamo per noi nel libro?

Ishvara: Maria e Dawio.

11. Quando preferisci che diamo via i sacchettini di Vibhuti?

Dawio: tutte le volte che ve la chiedono.

Ishvara: quando ve la chiedono.

12. Cosa possiamo fare noi di concreto per migliorare questo mondo?

Dawio: siate attenti a non ferire nessuno.

Ishvara: provate a generare meno sofferenza possibile.

13. Che cos'è Pangea?

Dawio: è la vostra amata Madre Terra che vive.

Ishvara: è la Terra vivente.

14. Ci puoi dire qualcosa al riguardo del diluvio universale e l'arca di Noè della Bibbia?

Dawio: è più importante che conosciate voi stessi che preoccuparvi del diluvio universale e dell'arca di Noè.

Ishvara: conoscete voi stessi prima e tutto il resto vi sarà svelato.

15. Cosa ci puoi dire al riguardo alla vita eterna?
Dawio: niente nasce, niente muore, tutto si trasforma, questa è l'Eternità, voi siete l'Eternità.
Ishvara: nessuno nasce, nessuno muore, tutto si trasforma e voi siete Eternità.

16. Ci puoi dire che cosa è la Verità?
Dawio: tutto ciò che può essere dimenticato non è la Verità, la Verità è al di là dell'Impermanenza, il Silenzio apre le porte alla Verità.
Ishvara: la Verità è Eternità ed è al di là del pensiero.

17. Ci puoi sillabare esattamente il tuo nome?
Dawio: Ishvara.
Ishvara: Ishvara.

18. Abbiamo fatto un po' di ricerca su internet e abbiamo trovato diverse possibilità di scrivere il tuo nome. Cosa ci puoi dire a tale proposito?
Maria: andate oltre i concetti e la forma.
Dawio: il mio nome viene scritto diversamente a seconda del luogo, ma la sostanza è sempre la stessa.
Ishvara: non ci sono differenze sostanziali.

19. Nella Cabala a che valore numerico corrisponde il tuo nome?
Dawio: 7.
Ishvara: 7.

20. Cosa ci dici al riguardo della Cabala?

Dawio: scopritelo voi e non accettate nessuna idea o preconcetto.

Ishvara: fate l'esperienza e conoscenza di voi stessi piuttosto di preoccuparvi di altri concetti.

21. Allora in che modo fare l'esperienza e conoscenza di noi stessi?

Dawio: osservate e siate pienamente consapevoli di ciò che accade nella vostra mente e nelle relazioni umane.

Ishvara: siate totalmente consapevoli dei vostri pensieri nelle relazioni umane.

22. Di cosa ti nutri?

Dawio: non ho bisogno di nutrirmi, in quanto non ho alcun tipo di corpo né forma.

Ishvara: non ho alcun bisogno di nutrirmi.

23. Chi sono gli Esseri elementali?

Dawio: Esseri legati ai quattro elementi della Terra.

Ishvara: Esseri legati ai quattro elementi.

24. La Vibhuti può guarire anche delle parti fisiche o psichiche e se sì, che cosa esattamente?

Dawio: può guarire ogni genere di malattia ma solo se karmicamente è consentito.

Ishvara: guarisce ogni malattia, karma permettendo.

25. Come alleggerire il nostro karma?
Dawio: purificando il vostro corpo con un'alimentazione sana e la vostra mente con la meditazione e la preghiera o con qualsiasi altra attività altruistica e disinteressata.
Ishvara: purificando corpo e mente.

26. Ci puoi suggerire qualcosa al riguardo alla Trimurti?
Dawio: è l'Essenza o l'Assoluto che in questo caso, è rappresentata dal Padre, Figlio e Spirito santo.
Ishvara: rappresentano Brahma, Vishnu e Shiva nell'Induismo, il Padre, Figlio e Spirito santo nel Cattolicesimo, oltre che la Trinità in altre religioni e culture.

27. Cosa ci puoi dire al riguardo del Reiki?
Dawio: è uno strumento per purificare corpo e mente.
Ishvara: è una tecnica che serve a purificare tutto il vostro essere.

28. Perché non si comunica con una sola lingua tra tutti noi abitanti della Terra?
Dawio: non è ancora tempo, ma arriverà.
Ishvara: arriverà con il tempo.

29. Come si comunica nell'Aldilà?
Dawio: telepaticamente perché non abbiamo corpo e forma.
Ishvara: telepaticamente.

30. Come funziona?
Dawio: dal silenzio affiorano intuizioni e percezioni.

Ishvara: dal silenzio nascono percezione e intuizioni.

31. Perché la Vibhuti non ha sempre lo stesso profumo e colore?
Dawio: c'è forse qualcosa che non cambia nella vostra dimensione e nell'intero Universo?
Ishvara: perché anch'Essa è parte dell'Impermanenza.

32. Ci puoi dire oggi di cosa è fatta esattamente la Vibhuti?
Dawio: nell'Essenza è Amrita.
Ishvara: nell'Essenza, si tratta di Amrita.

33. Che cos'è l'Amrita?
Dawio: è cenere che rappresenta il Nettare Divino.
Ishvara: nel caso della Vibhuti, cenere sacra rappresentante il Nettare Divino.

34. Cosa ci puoi dire al riguardo degli Esseri di Luce?
Dawio: in verità, nel mio mondo non esistono Esseri di Luce.
Ishvara: nell'Assoluto non esistono Esseri di Luce ma Luce allo stato più puro.

35. Cosa ci puoi dire a proposito del mondo vuoto?
Dawio: rappresenta la mente che dev'essere vuota e silenziosa per andare oltre sé stessa.
Ishvara: rappresenta la mente vuota e silenziosa che va oltre sé stessa.

36. Perché è arrivata la Vibhuti sulla statua di Vishnu?
Dawio: brucate i concetti, le idee e nella cenere sacra della vostra mente silenziosa troverete Me.
Ishvara: per invitarvi a bruciare i concetti e le idee così da ritrovare Me.

37. Chi è il Buddha?
Dawio: il Budda è un'altra rappresentazione vostra di Me.
Ishvara: sono Io.

38. Ci vorresti dire qualcosa al riguardo di Lui?
Dawio: tutto è Lila.
Ishvara: anche Lui, come tutto quanto, è Lila.

39. Che cos'è Lila?
Dawio: indica che tutto è un Gioco cosmico.
Ishvara: rappresenta il Gioco universale, ovvero la Creazione.

40. Ci puoi spiegare un po' meglio il concetto di Lila? Gioco Universale? Si gioca nel nostro mondo e nell'intero Universo?
Maria: si tratta di avere la possibilità di vivere l'Estasi mistica e universale dove non c'è tempo né spazio e nella quale si danzano i suoni cosmici.
Dawio: attraverso di voi, posso anche giocare, Lila è la nostra vita che è Universale e illimitata.
Ishvara: voi siete Lila.

41. Chi o che cos'è Abraxas?
Dawio: è uno stato di coscienza.
Ishvara: è uno stato di coscienza.

42. Che stato di coscienza è Abraxas?
Maria: lo stato di coscienza più alto, pura coscienza assoluta, nirvana, illuminazione.
Dawio: è uno degli stati dell'illimitata coscienza universale.
Ishvara: è uno degli infiniti stati di coscienza.

43. Qual è la differenza tra Agharti e Shamballa?
Dawio: le differenze sono solo concettuali, nell'Essenza sono uguali.
Ishvara: le differenze sono mentali, nell'Essenza sono uguali.

44. Cosa intendi per mentali?
Dawio: le idee sono sempre limitate.
Ishvara: i concetti sono sempre limitati.

45. Chi o che cos'è Agharti?
Dawio: è ciò che hai imparato dagli altri, non è la tua esperienza diretta.
Ishvara: è ciò che e hai letto e non la tua esperienza diretta.

46. Cos'è Shamballa?
Dawio: è ciò che è al di là del tempo e dello spazio, non ha forma.

Ishvara: ciò che è al di là del tempo e dello spazio, il senza forma nell'Essenza.

47. Qualcuno afferma che Shamballa è il centro del vampirismo. Cosa ne pensi a tal proposito?
Dawio: laddove c'è Luce non c'è ombra.
Ishvara: dove c'è Luce non c'è ombra.

48. Se tu sei il Dio più alto perché vivi a Shamballa?
Dawio: in verità, Shamballa non è un luogo.
Ishvara: Shamballa non è un luogo, nell'Essenza è l'Assoluto.

49. Dove si trova?
Dawio: è un illimitato stato di coscienza.
Ishvara: è un illimitato stato di coscienza.

50. Come si può raggiungere?
Dawio: la meditazione porta al silenzio della mente e lì fiorisce Shamballa.
Ishvara: la meditazione libera la mente dai concetti e nel silenzio percepisci e intuisci Shamballa dentro di Te.

6° SESSIONE DI CANALIZZAZIONE

Giovedì 6 luglio 2017 ore 18.15 – 00.30

Stamattina alle ore 9.00 è arrivata della Vibhuti sulla statua del Budda.

In questa seduta faremo tutt'e due simultaneamente la scrittura automatica direttamente su due computer separati e, subito dopo, useremo la tavola medianica (Ishvara) per verificare eventuali differenze.

1. Tu dici che nel tuo mondo non esistono Esseri di Luce ma Luce allo stato più puro. Ci potresti spiegare meglio questo concetto?

Maria: gli Esseri di Luce sono per esempio gli Esseri elementali che sono più vicini al vostro mondo, quelli più vicini all'Assoluto, ovvero al "mio mondo", sono ad esempio gli Angeli e tutti gli Esseri più evoluti della Gerarchia celeste.

Dawio: nella sua Essenza ultima, il "mio mondo" è al di là del tempo e dello spazio e in esso non esistono forme di esistenza ma solo Pura Luce Divina.

Ishvara: nel "mio mondo" non c'è tempo né spazio, ma solo Luce pura.

2. Ci dici qual è l'alimentazione più sana: onnivora, vegetariana o vegana? O cosa ci consigli di mangiare esattamente?

Maria: rimanete sempre leggeri, mangiate poco e piuttosto tanta frutta e verdura, limitate la carne, il pesce e il pollo, purificate il cibo prima di mangiarlo, siate prudenti nella scelta, sei ciò che mangi.

Dawio: rimanete lontani dal giudizio; è consigliato, per la vostra salute fisica, mentale e spirituale, aumentare il consumo di verdure e frutta possibilmente crudi e limitare la carne e, anche se un po' meno, il pesce.

Ishvara: se è possibile, mangiate più verdura e frutta, meno carne e un po' meno pesce per il bene della vostra salute.

3. Cosa ci puoi dire al riguardo del nostro libro Chakra Yoga?
Maria: è un libro valido per chi vuole fare un cammino spirituale, siate più decisi e sicuri nel proporlo.
Dawio: è un ottimo libro e ora siete andati avanti.
Ishvara: abbiamo fatto un buon lavoro.

4. Che lingua unica parleremo un giorno?
Maria: l'inglese e sarà sempre più usata la telepatia.
Dawio: l'inglese sarà la vostra lingua unica, ma più avanti comunicherete telepaticamente tra di voi.
Ishvara: inglese e la telepatia.

5. Ci puoi dire qualcosa di più sul Nettare Divino?
Maria: nell'Essenza è senza forma, è collegato alla Vita eterna e alla Luce pura.
Dawio: Voi stessi siete il Nettare Divino.
Ishvara: è ciò che Voi siete alla Sorgente del vostro Essere.

6. Ci puoi dire qualcosa di più sul Budda?
Maria: è pura Coscienza universale, l'Illuminazione, l'ultimo stato di coscienza, il Sole nell'Universo, simbolo dell'Amore puro e libero.
Dawio: il Budda è l'Assoluto, è Dio.
Ishvara: Egli è il Tutto.

7. Che cosa ha a che fare con noi Vishwananda?
Maria: vi aiuta ad aprire il cuore, vi ama liberamente e disinteressatamente, vi ha purificato, preparato e iniziato per la canalizzazione.
Dawio: è un Essere di Amore sul vostro cammino spirituale.
Ishvara: vi dona Amore.

8. Di che livello evolutivo è Vishwananda?
Maria: pura Luce, Amore puro, annullamento totale dell'Ego, semplicemente essere nell'Amore.
Dawio: il nostro, lo stato Supremo.
Ishvara: Egli è Tutto.

9. Perché la sua pratica viene tenuta segreta?
Maria: per proteggerla e tenere la pratica allo stato più puro possibile altrimenti verrebbe praticata in modo non corretto e perderebbe la usa forza, il suo effetto di pulizia e guarigione.
Dawio: perché la scelgano i seri interessati.
Ishvara: non è per Tutti.

10. Che cosa ne pensi delle pratiche spirituali segrete?
Maria: è necessario mantenere una certa segretezza affinché non vadano a finire nelle mani di chi non è ancora pronto a praticarle. Quello che uno deve praticare, arriva senza sforzo.
Dawio: sono un modo per proteggerle dai semplici curiosi.
Ishvara: chi è destinato ci arriverà.

11. Ci puoi dire qualcosa in più di Sai Baba?
Maria: porta Luce dove c'è ombra, accoglie ogni Anima nel suo Cuore, è un Essere puro di Luce che ha portato Benessere, Pace e Amore nel mondo.
Dawio: Lui e Io siamo Uno.
Ishvara: siamo Amore.

12. Di che livello evolutivo è?
Maria: voi lo chiamate Avatar, è un Essere di pura Luce.
Dawio: Lui ed Io non siamo separati.
Ishvara: è l'Assoluto.

13. Ci puoi dire qualcosa in più di Babaji?
Maria: è l'Assoluto.
Dawio: Lui è Te.
Ishvara: Tu sei Lui.

14. Di che livello evolutivo è?
Maria: Lui viaggia nel tempo e nello spazio, è un Mago della materia o sostanza.
Dawio: l'Assoluto non conosce livelli.
Ishvara: è in Tutti i livelli della Coscienza pur essendo l'Assoluto.

15. Potresti spiegarci meglio la differenza tra idea e fare l'esperienza?
Maria: l'idea è un concetto della mente, l'esperienza invece nasce dal Cuore.
Dawio: l'idea che abbiamo di un albero non è l'albero stesso.
Ishvara: la differenza è solo concettuale.

16. Cosa intendi esattamente quando dici che laddove c'è Luce non c'è ombra?

Maria: oltre la dualità c'è solo Luce e Amore.

Dawio: l'Amore può forse conoscere l'odio?

Ishvara: andate oltre la dualità.

17. Esistono il bene e il male?

Maria: sono due concetti opposti di una stessa medaglia, sono uguali nell'Essenza.

Dawio: sono solo concetti.

Ishvara: sono etichette.

18. Perché hai permesso che ci sia la sofferenza nel mondo?

Maria: è tutto un gioco cosmico.

Dawio: per sperimentare il dolore umano.

Ishvara: Tutto è Lila.

19. Come possiamo sapere con certezza assoluta che la canalizzazione è autentica?

Maria: ascoltando il vostro Cuore.

Dawio: potete saperlo solo se la vivete direttamente.

Ishvara: solo vivendola.

20. Come posso diventare un canale?

Maria: rimanendo radicati e aperti verso l'Assoluto.

Dawio: non hai bisogno di diventare ciò che già sei.

Ishvara: già lo sei.

21. Cosa posso fare per migliorare il canale?
Maria: con la pratica spirituale (Sadhana).
Dawio: sii già ora il canale che vorresti essere.
Ishvara: il cammino è la meta.

22. Cosa ci dici al riguardo della Bibbia?
Maria: è un libro della religione cristiana che parla della vita e della morte di Gesù Cristo e dell'intero Universo.
Dawio: è un testo che aiuta a riconoscere noi stessi.
Ishvara: l'Infinito racchiuso in un libro.

23. Dobbiamo essere fermi nelle nostre decisioni o lasciarci scorrere liberamente nella corrente della vita?
Maria: fatevi trasportare danzando liberamente nel Chi della vita verso la Luce.
Dawio: potete forse essere diversi da ciò che siete? Non potete essere diversamente da voi stessi.
Ishvara: nel qui e ora non c'è scelta.

24. Il destino o il karma possono essere diversi?
Maria: sostanzialmente sono uguali ma dipendono dal punto di vista di ognuno di voi.
Dawio: sono solo concetti mentali, può solo accadere ciò che dovrà accadere.
Ishvara: no.

25. Cosa ci puoi dire al riguardo dell'astrologia?
Maria: è antica come l'essere umano, usata in modo saggio può essere una mappa che aiuta a conoscere sé stessi e l'Assoluto.

Dawio: è uno strumento per riconoscere ciò che hai dimenticato.

Ishvara: è una rappresentazione di Te stesso.

26. Cosa ci puoi dire al riguardo dei tarocchi e della cartomanzia?

Maria: dei giochi di rappresentazione della vita.

Dawio: la mente vuole sapere ciò che Tu sai già nel profondo del tuo Essere.

Ishvara: sono entrambe due espressioni che vi aiutano a conoscere meglio voi stessi e a scendere sempre più in profondità nel vostro essere. Le espressioni sono delle modalità, in questo caso scritte, che vi aiutano a portare maggiore chiarezza a un primo livello mentale perché poi possano scendere a un livello sempre più profondo del vostro Essere.

27. Posso essere diverso da ciò che il destino o il karma hanno previsto per me?

Maria: no.

Dawio: solo se tu sei ora ciò che vorresti essere nel futuro.

Ishvara: Tu sei il karma e il destino.

28. Mi consigli qualche cosa per poter tentare di migliorare il karma del mondo e il mio personale?

Maria: tutto ciò che senti che fa bene al Cuore.

Dawio: sii il cambiamento che vorresti nel mondo.

Ishvara: Tu sei il mondo.

29. Che effetto può avere la carne, il pesce o il sacrificio di altre specie viventi sull'equilibrio della terra e sulla salute degli esseri umani?

Maria: siamo Tutti Uno.

Dawio: qualsiasi effetto abbia, è tutta impermanenza, Lila.

Ishvara: tutto è Lila.

30. Cosa ci puoi dire dei cerchi di grano?

Maria: sono i Nostri Segni e messaggi.

Dawio: sono Nostre rappresentazioni.

Ishvara: sono una rappresentazione di Noi.

31. Cosa ne pensi dell'uccisione delle zanzare che ci pungono?

Maria: può succedere, se è nel piano Divino.

Dawio: fate il possibile perché ciò non accada ad esempio usando delle zanzariere o altri espedienti, così facendo ne salverete diverse, per il resto non fatevene troppo una preoccupazione poiché nell'illimitata coscienza universale tutto può accadere.

Ishvara: tutto è impermanenza.

32. Ci potresti dare qualche suggerimento al riguardo della nostra musica?

Maria: per ora canalizzate, poi arriverà anche la musica.

Dawio: al momento avete altro da fare.

Ishvara: la musica suonerà quando sarà il momento.

33. Quando esattamente inizieremo la canalizzazione di gruppo?
Maria: 25 agosto.
Dawio: quando saremo pronti.
Ishvara: ogni cosa a suo tempo.

34. Qual è la differenza tra gli Esseri di Luce e gli Esseri elementali?
Maria: nell'Essenza non c'è differenza, sono diversi nei vari livelli di coscienza.
Dawio: nessuna, sono tutti parte dell'illusione cosmica.
Ishvara: diversi nella manifestazione e uguali nell'Essenza.

35. Ci potresti spiegare un po' meglio cosa intendi per amarsi liberamente senza attaccamento e possessività?
Maria: darsi completamente nell'amarsi.
Dawio: sentire nel Cuore che non siamo mai stati separati e mai lo saremo.
Ishvara: non siete mai stati divisi.

36. Cosa ci puoi dire al riguardo di Maitreya?
Maria: sono Io in forma diversa.
Dawio: anch'Egli è Noi.
Ishvara: Lui ed Io siamo Uno.

37. Cosa mi puoi dire al riguardo delle Rune?
Maria: un altro modo per comunicare con le Guide spirituali, gli Esseri di Luce e gli Angeli custodi.
Dawio: è uno strumento che serve alla mente per riconoscere sé stessa.

Ishvara: sono una rappresentazione di Me.

7° SESSIONE DI CANALIZZAZIONE

Venerdì 7 luglio ore 19.00 – 24.00

Oggi è arrivata la Vibhuti nel grande contenitore in legno e un po' sulle statue di Vishnu e Budda.

1. Ci puoi dire qualcosa al riguardo della seduta di ieri?
Maria: è andata bene, continuate così, ci sono Io che vi guido.
Dawio: è andata bene.
Ishvara: è andata bene ma continuate a chiedere.

2. Hai un messaggio specifico per Dawio?
Maria: sei un buon canale.
Dawio: abbi Fede in Me e apri il tuo cuore e la tua mente.
Ishvara: abbi fede in Me.

3. Hai uno per Maria?
Maria: lasciati guidare da Me.
Dawio: abbi Fede in TE e apri il tuo cuore e la tua mente.
Ishvara: abbi fede in Te.

4. Hai detto di proporre le Canalizzazioni di gruppo a partire da agosto. Quale giorno precisamente?
Maria: 25 agosto 2017.

Dawio: 25 agosto 2017.
Ishvara: 25 agosto 2017.

5. Puoi specificare ancora meglio Abraxas? A che stato di coscienza corrisponde esattamente? C'entra qualcosa con "coincidentia oppositorum" che concerne l'incontro degli opposti?
Maria: sì, si trova nell'incondizionato spazio vuoto dell'Essenza.
Dawio: è un luogo dove gli opposti s'incontrano e si trascendono.
Ishvara: sì, gli opposti s'incontrano e si trascendono.

6. Chi è En Soph?
Maria: sono Io dal punto di vista degli ebrei.
Dawio: è ciò che tu vuoi che sia.
Ishvara: ciò che tu vuoi che sia.

7. Possiamo già informare le persone che faremo le Canalizzazioni in agosto?
Maria: ascoltate il Cuore.
Dawio: è ancora presto.
Ishvara: non è ancora tempo.

8. Ci puoi dire qualcosa sulla figura della Madonna?
Maria: è la Madre Divina che Ama Tutti incondizionatamente.
Dawio: rappresenta l'Energia creatrice dell'Universo.
Ishvara: la sua energia ha generato l'intero Universo.

9. Ci puoi dire come mai ci sono così poche figure femminili spirituali che hanno un grande spessore nella storia dell'umanità?

Maria: tutte le figure spirituali o meno vanno oltre il femminile e il maschile, ad esempio la Madonna è la figura femminile per eccellenza.

Dawio: perché le società in cui ciò è accaduto erano patriarcali.

Ishvara: perché la figura maschile era socialmente dominante.

10. Ci puoi dire qualcosa sulla figura di Gesù Cristo?

Maria: rappresenta l'umiltà e la compassione, Lui è un canale di guarigione e dona benedizioni, apre i Cuori di tutto il mondo, è esempio di Fede assoluta.

Dawio: Gesù viaggiò in Asia crescendo in Saggezza e Potenza. Egli ha avuto tanti Maestri che l'hanno iniziato e preparato al suo compito.

Ishvara: Saggezza e Forza sono state acquisite in Asia grazie anche ad altri Maestri.

11. Chi erano i suoi maestri?

Maria: Babaji.

Dawio: Maestri della Gerarchia celeste che gli si presentavano sia fisicamente che in sogno, sui piani sottili o altri piani di coscienza.

Ishvara: Maestre e Maestri colmi di Amore e Saggezza che non vi è dato di conoscere storicamente.

12. Gesù Cristo è stato in contatto con Babaji?

Ishvara: sì.

13. Potresti dirci qualcosa sulle materializzazioni e i miracoli di Sai Baba e Vishwananda?

Maria: sono in contatto diretto con Me, hanno il chakra del Cuore e del terz'Occhio aperti e ciò consente Loro di entrare nei mondi sottili ed effettuare i miracoli.

Dawio: il principio è lo stesso solo che, essendo loro capaci di gestire tante altre energie, riescono a materializzare direttamente ciò che vogliono senza necessariamente altri intermediari come nel vostro caso.

Ishvara: hanno il potere di materializzare e fare altri miracoli senza intermediari.

14. Potremo un giorno essere capaci anche noi di materializzare direttamente?

Maria: se è nel Piano divino.

Dawio: potenzialmente sì, ma non sarà il vostro compito in questa esistenza.

Ishvara: sì, ma non vi è dato sapere quando.

15. Ci puoi spiegare meglio cosa intendi con esperienza diretta?

Maria: è l'esperienza che vivi tu personalmente e che non dipende necessariamente dalla lettura o altri mezzi di conoscenza.

Dawio: prima leggete un libro o v'informate su cosa significa essere innamorati, e questa è mera conoscenza, poi vi succede d'innamorarvi, e questa è l'esperienza diretta.

Ishvara: hai tutte le informazioni sul fuoco e questa è teoria, concetti e idee, poi ti bruci e questo è il fatto, ovvero l'esperienza diretta del fuoco.

16. La Cabala sembrerebbe un'esperienza mistica? Cosa ci puoi dire a tal proposito?
Maria: sì, è quando t'informi sulla Cabala, la studi, e poi la applichi; questa è l'esperienza mistica della Cabala.
Dawio: sì, è un'esperienza mistica che apre ad altri livelli di coscienza profondi e al tempo stesso sottili perché vanno al di là della realtà convenzionale alla quale siete abituati.
Ishvara: sì, è vero, i testi sacri ed esoterici portano coloro che li approfondiscono e che li mettono in pratica all'esperienza mistica.

17. Cosa ci puoi dire al riguardo dell'Albero Cabalistico?
Maria: l'Albero cabalistico è un altro strumento per entrare in contatto con la dimensione spirituale di diversi livelli e che porta alla Corona (Kether).
Dawio: è una rappresentazione ebraica della vita e della morte che porta alla realizzazione dell'Assoluto.
Ishvara: è un'altra rappresentazione della vita e della morte che vi condurrà al Divino.

18. Per liberare la mente dai concetti che cosa ci suggerisci esattamente? C'entra qualcosa in particolare il terz'occhio?
Maria: è importante che il terz'occhio sia libero dai concetti, che sono il velo di Maia e che bloccano l'accesso al mondo interiore.

Dawio: il terz'occhio è il ponte verso altri stati di coscienza ma, per accedervi, è importante che la mente sia silenziosa perché solo così potrà essere intuitiva e percettiva e andare oltre nei diversi stati di coscienza; il silenzio apre le porte all'esperienza del Sé.

Ishvara: il terz'occhio è il ponte che vi collegherà ad altri stati di coscienza e una mente silenziosa è indispensabile perché il terz'occhio sia puro, cioè libero da ogni condizionamento.

19. Ci sono delle differenze di livello tra gli abitanti di Shamballa e Agharti? Se sì quali?

Maria: gli abitanti hanno una funzione diversa a dipendenza del loro stato di coscienza (percezioni e conoscenze) ed essi fanno parte dello stesso Disegno divino, nel quale nessuno è separato dall'altro perché ognuno è parte integrante del Tutto; siamo diversi nella manifestazione ma uniti nell'Essenza, cioè nell'Amore Assoluto.

Dawio: sì, ci sono diverse differenze ma non è importante conoscerle perché c'è il pericolo di venire così condizionati da ciò che viene detto o scritto e questo vi allontana dalla mente silenziosa che è indispensabile per aprire le porte all'esperienza mistica e, una volta avuta l'esperienza mistica, non avrete più bisogno di sapere tali differenze perché avrete realizzato l'Assoluto che è al di là del tempo e dello spazio.

Ishvara: conoscete voi stessi, la vostra mente, che è lo strumento che usate per capire le cose, e non avrete più il bisogno di conoscere tali differenze.

20. È vero che Shamballa esiste anche in questa dimensione?
Maria: sì, lo puoi vedere attraverso il terz'occhio.
Dawio: sì, il regno di Shamballa è anche in questa dimensione, ma non a tutti è dato di vederlo.
Ishvara: sì, è un mondo parallelo al vostro, ma che esiste e può essere visto anche nella vostra realtà convenzionale, ma non a tutti è dato di vederlo.

21. Maria e Dawio possono vedere Shamballa?
Ishvara: solo se purificherete la vostra Mente e il vostro Cuore potrete un giorno vedere la sua manifestazione.

22. Shamballa ha a che fare con Vama Marga e Dakshina Marga? C'entra in tutta questa storia la magia e quale? Che cos'è la via della mano sinistra e destra?
Maria: sì è tutto corretto, vivete la vostra parte femminile (Vama) e maschile (Dakshina) e conoscerete la Magia del Tantrismo, questo vi porterà a trascendere gli opposti, cioè la via della mano sinistra e destra che sono parte integrante nel regno di Shamballa.
Dawio: certo che c'entra tutto quello che avete detto e la Magia è una delle chiavi d'accesso a Shamballa; durante il Wesak che è la festa della Luce, un'infinità di Maghi o Maestri spirituali come il Budda, il Cristo e tantissimi altri s'incontrano per elargire energia e benedizioni a tutti i ricercatori spirituali per aiutarli nel loro cammino.
Ishvara: ciò che dite è corretto, Maghi o Maestri spirituali come il Budda, il Cristo e tanti altri Esseri di Luce s'incontrano in momenti particolari come la festività del Wesak per elargire energia e benedizioni a

tutti i ricercatori della Verità per aiutarli nel loro cammino spirituale.

23. A chi è destinata la Vibhuti di oggi?
Ishvara: a chi la chiederà.

24. Perché ci hai scelto come canali?
Ishvara: siete Voi che avete scelto Me.

25. E per quale motivo saremmo noi ad aver scelto Te?
Ishvara: perché siete voi ad avere il bisogno di conoscere.

26. Conoscere che cosa?
Ishvara: ciò che siete veramente nell'Essenza del vostro Essere più profondo.

27. Allora l'Essenza che è il nostro Sé, sei Tu?
Ishvara: il Sé siete Voi.

28. Allora Tu chi sei?
Ishvara: Sono Voi.

29. Hai ancora qualcosa da dirci?
Ishvara: no, buon riposo, grazie, vi porto nel Cuore con infinito Amore.

8° SESSIONE DI CANALIZZAZIONE

Sabato 8 luglio 2017 ore 20.00 – 23.00

1. Come vanno le cose da TE?
Ishvara: sempre perfettamente.

2. Abbiamo fatto delle correzioni al riguardo della canalizzazione di ieri. Hai qualche suggerimento?
Ishvara: è importante che vi sentiate liberi anche nei miei confronti.

3. Come mai Maria fa fatica a trascrivere in modo chiaro la canalizzazione?
Ishvara: è un problema di lingua e di purezza del canale che va ulteriormente migliorato.

4. Come mai le nostre risposte sono più lunghe delle tue?
Ishvara: per stancarvi il meno possibile nell'utilizzare la tavola medianica, comunque sono tutte quante mie risposte.

5. Come mai le nostre Canalizzazioni sono a volte un po' diverse dalla tavola medianica (Tu, Ishvara)?
Ishvara: ci sono diversi modi di vedere, descrivere le cose e gli eventi e in oltre i canali sono sempre diversi.

6. Come ci consigli di canalizzare oggi?
Ishvara: usate la tavola solo per il sì o il no.

7. Maria chiede se è meglio canalizzare scrivendo frasi più corte per essere più precisa?
Ishvara: sì, per iniziare è meglio, poi sentiti libera.

8. Sei entrato nella nostra vita e sentiamo che è cambiata. Come dovremmo impostare in futuro la nostra vita?
Maria: siete entrati in un nuovo ciclo della vostra vita e il livello di coscienza si è elevato; siete degli Esseri di Luce e incontrerete altri Esseri di Luce che vi guideranno nella vostra Vocazione, cioè ad aiutare a illuminare gli Esseri umani; inoltre ci saranno altri miracoli nella vostra vita.
Dawio: farete ciò che è previsto dal vostro Destino, quindi, non preoccupatevi, vi sarà dato ciò che vi servirà al momento opportuno, abbiate fiducia in Voi stessi, siete protetti e guidati da Me.
Ishvara: abbiate fede in Voi e in Me e tutto accadrà al momento opportuno.

9. Hai qualcosa da dirci al riguardo della terza guerra mondiale?
Maria: potrebbe far parte del Piano divino poiché la vibrazione della Terra si sta alzando grazie a Noi e perciò si entrerà nella quarta dimensione; la coscienza umana si sta ulteriormente evolvendo.
Dawio: fino a quando vi sentirete divisi, separati, il pericolo di un'altra guerra mondiale rimane.
Ishvara: le vostre risposte sono corrette.

10. Allora, ci sarà la terza guerra mondiale?

Ishvara: non posso dirvelo, ma è vostra responsabilità fare tutto ciò che vi è possibile per evitarla, e così facendo vedrete che la terza guerra mondiale non accadrà.

11. Perché in qualche domanda non ci rispondi sì o no?

Ishvara: perché per voi sarebbero solo dei concetti o delle idee che andrebbero a condizionarvi, allora, è meglio che riceviate delle risposte meno concise ma che vi aiutano a capire meglio voi stessi e a responsabilizzarvi sempre di più.

12. Non sono forse tutti concetti quelli che ci stai dando?

Ishvara: fintanto che non li avrete realizzati, saranno concetti.

13. Per realizzare intendi fare l'esperienza diretta?

Ishvara: sì, rendere reale.

14. Perché non vuoi dare un concetto di sì o no al riguardo della terza guerra mondiale visto che hai detto che anche le altre risposte sono dei concetti?

Ishvara: per non spaventarvi in caso di risposta negativa o illudervi in caso di risposta affermativa.

15. Allora è così: tu non ci vuoi dare una risposta definitiva perché noi non siamo ancora pronti?

Ishvara: sì.

16. Che cosa possiamo fare per essere pronti a ricevere una risposta definitiva al riguardo della terza guerra mondiale?
Ishvara: prima di tutto dovete risolvere i vostri conflitti interiori.

17. C'è il concetto: "così com'è dentro, è fuori e viceversa". Significa allora che chi vive il conflitto interiore lo proietta esteriormente? Finché non si riesce a risolvere quello interiore, il rischio di una terza guerra mondiale è alto. Allora, fino a quando noi non risolveremo i nostri conflitti interiori, non ci libereremo mai di nessuna guerra? Cosa ne pensi?
Ishvara: chi si aspetta la terza guerra mondiale, non fa altro che proiettare i propri conflitti interiori.

18. Hai ancora qualche cosa da dirci prima di terminare la canalizzazione?
Ishvara: grazie di Cuore per la vostra pazienza e disponibilità, Vi amo.

Nostra risposta: grazie di Cuore anche a Te per tutto quanto, anche Noi Ti amiamo.

9° SESSIONE DI CANALIZZAZIONE

Domenica 9 luglio 2017 (Luna piena in capricorno)

È arrivata un po' di Vibhuti nel piccolo contenitore viola in metallo.

1. Qual è l'ora ideale per canalizzare?
Ishvara: la mattina.

2. Va bene aggiungere un indice tematico e dove lo mettiamo nel libro?
Ishvara: va bene all'inizio.

3. Ci sono energie negative dalle quali ci dobbiamo proteggere o sono solo le nostre proiezioni?
Ishvara: sì, ci sono, come ci sono gli strumenti per proteggervi.

4. Perché abbiamo bisogno di proteggerci?
Ishvara: per non essere disturbati.

5. Che tipo di protezione consigli a Maria e Dawio?
Ishvara: il mantra personale che vi ho dato, ma è importante che vi sentiate totalmente liberi nei miei confronti e che facciate sempre ciò che vi dice il vostro Cuore perché quella sarà sempre la cosa giusta da fare.

6. Abbiamo bisogno del cerchio bianco per la canalizzazione?
Ishvara: sì.

7. Perché?
Ishvara: per una maggior protezione.

8. Ci sono delle entità pericolose come i demoni o il diavolo?
Ishvara: sì.

9. E come si manifestano?
Ishvara: in varie forme.

10. Quali?
Ishvara: dipende dallo stato di coscienza in cui vi trovate.

11. Dobbiamo proteggerci prima di fare la canalizzazione?
Ishvara: sì.

12. Cosa ne pensi al riguardo dei disturbi (telefonate) che ci sono ogni tanto durante la canalizzazione?
Ishvara: vanno bene, per adesso.

13. Cosa ci puoi dire sulle nostre paure?
Ishvara: liberatevene.

14. Questo libro sulla canalizzazione che influenza avrà sull'umanità?
Ishvara: aiuterà chi lo legge a crescere spiritualmente attraverso una maggior conoscenza di sé stessi.

15. Dal momento che sarà pubblicato che cosa cambierà nella nostra vita?
Ishvara: aumenterà l'interesse nei vostri confronti.

16. Questo farà sì che avremo più successo? Il libro diventerà un best, seller?
Ishvara: è l'ego che parla.

17. Che cosa ci puoi dire al riguardo dell'ego?
Ishvara: è una proiezione mentale.

18. Che tipo di proiezione?
Ishvara: è un'immagine mentale di voi stessi rappresentata dal pensiero e che è basata sulla memoria delle esperienze passate.

19. Come possiamo vedere gli Esseri di Luce, Angeli custodi e Guide spirituali?
Ishvara: continuando a fare il cammino spirituale che state facendo ora.

20. E specificatamente per Maria e Dawio, che tipo di lavoro?
Ishvara: oltre alle vostre pratiche spirituali quotidiane, la presente canalizzazione.

21. Possiamo anche contattare i nostri defunti?
Ishvara: no.

22. Perché no?
Ishvara: perché spesso sono anime poco evolute ed esse non sono adatte per darvi le risposte adeguate a questo tipo di canalizzazione.

23. Ci sono dei medium o tecniche, come le costellazioni familiare, con le quali si lavora con i defunti o li si contatta addirittura direttamente; cosa ne pensi?

Ishvara: sono dei modi di lavorare che aiutano a crescere e a capire, se non addirittura risolvere, alcuni problemi personali e relazionali legati ai vostri avi.

24. Maria dà ogni tanto delle risposte con delle previsioni per il futuro. Questo accade perché lei è astrologa e chiaroveggente?

Ishvara: sì.

25. Allora le sue previsioni sono attendibili?

Ishvara: solo se non sono sue proiezioni.

26. Quante dimensioni ci sono nell'Universo?

Ishvara: infinite.

27. Tu in quale dimensione sei?

Ishvara: in tutte come Manifestazione e nell'Assoluto com'Essenza.

28. Chi si trova nelle prime tre dimensioni?

Ishvara: voi.

29. La dimensione e il livello di coscienza sono la stessa cosa?

Ishvara: sì.

30. C'è una Gerarchia spirituale?

Ishvara: sì.

31. E cosa ne pensi delle Gerarchie spirituali?
Ishvara: sono mie manifestazioni.

32. Cosa s'intende per evoluzione?
Ishvara: l'andare avanti, il progredire spiritualmente.

33. Come si fa a capire se si è andati avanti spiritualmente?
Ishvara: quando nel vostro Cuore c'è più Amore e nella mente più pace.

34. Perché ci sono le guerre?
Ishvara: perché dentro di voi regnano i conflitti.

35. La pace e la guerra sono due concetti che sono parte di un mondo duale?
Ishvara: sì.

36. La dualità fa parte della terza dimensione?
Ishvara: sì.

37. Nella quarta dimensione c'è la pace?
Ishvara: sì.

38. I conflitti ci sono anche in altre dimensioni?
Ishvara: sì.

39. Quindi, ci sono anche nella terza dimensione?
Ishvara: sì.

40. L'umanità è già nella quarta dimensione?
Ishvara: sì, solo alcuni.

41. Che tipo di conflitti ci sono nella quarta dimensione?
Ishvara: quelli che trovate dentro di voi.

42. In che dimensione sono Maria e Dawio?
Ishvara: siete esseri multidimensionali.

43. Il Nuovo Ordine Mondiale in quale dimensione si trova?
Ishvara: in questa e in altre.

44. Cosa ci puoi dire al riguardo del Nuovo Ordine Mondiale?
Maria: il Nuovo Ordine Mondiale è un sistema di potere e controllo su tutta l'umanità.
Dawio: è una Mia e Vostra creazione.
Ishvara: è un sistema economico e politico che controlla una buona parte dell'umanità.

45. Che ruolo abbiamo noi al riguardo al Nuovo Ordine Mondiale?
Ishvara: in qualche modo, ne siete parte.

46. In che modo?
Ishvara: dal momento in cui ne siete parte, è inevitabile che lo sosteniate.

47. Dobbiamo proteggerci da questo sistema nuovo?
Ishvara: no, ma potete influenzarlo con le vostre scelte di vita.

48. Chi è a capo di questo sistema?
Ishvara: le persone più ricche che detengono il potere economico e politico.

49. Queste persone più ricche sanno che noi siamo in contatto con te?
Ishvara: non tutte.

50. Potrebbero interferire nella canalizzazione?
Ishvara: no.

51. Collaborano con te?
Ishvara: sì.

52. In che senso?
Ishvara: anche loro sono parte del Piano divino.

53. Conosceremo qualcuno di queste persone?
Ishvara: no.

54. Ci sostengono?
Ishvara: sì, perché anche voi fate parte del loro piano economico.

55. Ma siamo manipolati da loro?
Ishvara: sì.

56. Di quale piano economico si tratta?
Ishvara: di quello che vi garantisce il vostro benessere.

57. È il nostro benessere la causa della povertà nel mondo?
Ishvara: no, la vostra avidità.

58. Cosa ci consigli per non essere avidi?
Ishvara: conoscete voi stessi e imparerete ad amare e di conseguenza a essere generosi.

59. Il reddito minimo incondizionato potrebbe aiutare a liberarci dalla miseria nel mondo?
Ishvara: sì, ma la vera miseria risiede nei vostri Cuori e nessun sistema economico vi aiuterà a scacciarla.

60. Perché non entri nei dettagli in certe risposte?
Ishvara: perché non è ancora consentito dal Piano divino che l'umanità sappia certe cose, oppure perché il vostro canale non è predisposto a entrare in certi dettagli specialistici e per questo ci sono altri canali che ho configurato apposta per dare informazioni più scientifiche, tecniche e specialistiche.

61. In che modo continuano a canalizzare Maria e Dawio?
Ishvara: con la scrittura, utilizzando i mezzi informatici.

62. Che cosa ci puoi dire al riguardo del transumanesimo?

Maria: fa parte del sistema del Nuovo Ordine Mondiale, ci sarà maggior controllo economico.

Dawio: è una buona cosa.

Ishvara: è il tentativo di voler controllare tecnologicamente l'essere umano per una maggiore sicurezza mondiale.

63. Cosa ci puoi dire delle droghe?

Maria: ci sono sempre state nella natura, usate in modo cauto si possono raggiungere delle visioni in altri mondi (vedi lo sciamanismo), ma usate male possono essere dannose.

Dawio: qualsiasi forma di dipendenza è dannosa per la mente e il corpo.

Ishvara: quelle che provengono da Madre Natura sono delle piante o erbe medicinali, definite dagli Sciamani piante o erbe Maestro, perché possono amplificare gli stati di coscienza per una maggiore introspezione e solo uno sciamano esperto sa come usarle nelle cerimonie sacre.

64. Cosa ci puoi dire dell'alimentazione pranica?

Maria: è concessa a quelle rare persone Sante che si nutrono di Amore e Luce universale con l'aiuto degli Esseri di Luce e grazie alla quale, abbinata alla Meditazione silenziosa, si possono raggiungere dei alti livelli di consapevolezza e conoscenza di sé (da noi, degli esempi conosciuti sono: Nicolao della Flüe e Teresa Neumann).

Dawio: è per pochissimi e bisogna accostarsi con estrema cautela altrimenti può essere dannosa per la salute fisica e mentale, pochi esseri sono veramente chiamati dall'Alto a vivere in questa modalità.

Ishvara: è una pratica molto selettiva che solo pochi riescono a praticare.

65. Cosa ci puoi dire delle nostre malattie?

Maria: le malattie nascono perché ignorate ciò che vorrebbe il vostro Cuore, sono la conseguenza del vostro non sano modo di pensare, vivere e nutrirvi; corpo, mente e spirito non sono in armonia.

Dawio: le malattie hanno molte cause non sempre facili da capire, ciò che è importante è che abbiate la massima cura possibile della vostra mente e del vostro corpo perché essi sono il tempio della vostra Anima.

Ishvara: le malattie sono l'espressione della vostra incapacità di amare e rispettare il vostro corpo, la vostra mente e l'ambiente in cui vivete.

66. A che cosa è collegata per esempio l'emicrania?

Maria: potrebbe essere collegata al non ascoltare i propri limiti del corpo e della mente.

Dawio: le cause dell'emicrania sono molteplici e in alcuni casi difficili da capire. È importante essere attenti ad avere un'alimentazione sana e uno stile di vita che sia armonioso. Siate medici di voi stessi cercando di vivere il più sano possibile. Se ciò non dovesse bastare, una consultazione da uno specialista è sicuramente una buona cosa.

Ishvara: può avere diverse cause, dipende da caso a caso.

67. Gli scienziati dicono che la Terra si sta surriscaldando. Cosa ci puoi dire a questo proposito? Cosa possiamo fare noi per la nostra amata Terra?

Maria: la Terra è un sistema vivente senza il quale non potreste più vivere, quindi vi potrebbe distruggere; così come vivete la vostra vita così si rispecchia sulla Terra, proprio perché non rispettate voi stessi, non rispettate la Terra, non amate voi stessi e questo si ripercuoterà sulla Terra.

Dawio: abbiate maggior cura della Terra cercando di preservare la natura inquinando il meno possibile e sviluppando maggiormente le energie rinnovabili rispettose dell'ambiente.

Ishvara: sì, si sta surriscaldando ed è vostra responsabilità averne maggior cura.

68. Che importanza ha il pianeta Terra nell'Universo?

Maria: la Terra ha bisogno dell'Universo ma l'Universo non ha bisogno della Terra per esistere, l'Universo avrebbe un nuovo equilibrio senza la Terra.

Dawio: è importante quanto lo è una goccia per l'oceano. Anche una sola goccia nell'oceano è importante e, senza di essa, se ne sentirebbe la mancanza.

Ishvara: ha una grande importanza dal lato evolutivo umano, ma per l'equilibrio dell'intero Universo la Terra non è così importante.

69. Ci sono altri mondi come il nostro nell'Universo?
Ishvara: no, ci sono altri pianeti simili alla Terra ma non uguali.

70. Ci puoi raccontare qualcosa a tal proposito?
Ishvara: Esseri di diverse forme e dimensioni abitano questi pianeti.

71. Siamo già in contatto con loro?
Ishvara: solo con alcuni.

72. Noi facciamo parte di questi alcuni?
Ishvara: sì.

73. Sono degli Essere di Luce?
Ishvara: sì, ma di diverse dimensioni.

74. Qual è la nostra lingua parlata più antica?
Ishvara: le diverse lingue preistoriche.

75. Qual è la nostra lingua scritta e preistorica più antica?
Ishvara: i geroglifici.

76. Cosa ci puoi dire sulla civiltà egiziana antica?
Ishvara: è stata una civiltà molta evoluta.

77. La Vibhuti viene usata anche da voi?
Ishvara: viene usata anche in altre dimensioni.

78. Per che cosa?
Ishvara: per elevare le coscienze e per le guarigioni.

79. Esistono le malattie anche nelle altre dimensioni?
Ishvara: sì.

80. Perché le persone non reagiscono al miracolo della Vibhuti a casa nostra?
Ishvara: perché non ci credono o non sono ancora in grado di capire il suo valore.

81. Ma lo capiranno mai?
Ishvara: sì.

82. Diventerà un luogo di pellegrinaggio?
Ishvara: sì.

83. Quando verranno?
Ishvara: stanno già reagendo.

84. Chi sta reagendo?
Ishvara: coloro che già hanno la Vibhuti.

85. Hai ancora qualcosa da dirci?
Ishvara: vi porto nel mio Cuore.

Anche noi Ti portiamo nel nostro Cuore.

10° SESSIONE DI CANALIZZAZIONE

Lunedì 10 luglio 2017 ore 20.00 - 22.30

1. Finiremo il libro prima dell'inizio della canalizzazione di gruppo?
Ishvara: no.

2. Per la canalizzazione di gruppo è importante fare un rituale collegato alle 4 direzioni?
Ishvara: no.

3. E fare, prima di iniziare, delle tecniche di purificazione?
Ishvara: no.

4. Ci hai detto di iniziare la canalizzazione di gruppo con una meditazione? Cosa ne pensi della seguente meditazione? Ci proponi di usarla? "Immaginatevi di entrare in un tunnel di foglie e di fiori. Vedete l'uscita luminosa. Una volta usciti ci sono un bellissimo albero con 12 pietre dove vi aspetta la vostra Guida spirituale."
Ishvara: sì, ma poi rimanete qualche minuto in meditazione silenziosa.

5. Ishvara, Tu sei il nostre Sé superiore, Maestro interiore e Divinità in noi?
Ishvara: sì.

6. E' la nostra Anima che stabilisce il contatto con il mondo spirituale?
Ishvara: sì.

7. Chi ha raggiunto lo stato di Abraxas è in grado di materializzare la Vibhuti?
Maria: sì, perché ha raggiunto il livello di coscienza infinito dov'è possibile tutto.
Dawio: sì, perché è lo stato Assoluto in cui tutto è possibile.
Ishvara: sì.

8. Potresti spiegarci un po' meglio cosa intendi per manifestazione?
Maria: ad esempio la Vibhuti è una manifestazione di Me.
Dawio: è tutto ciò con cui, in un modo o nell'altro, si entra in contatto negli illimitati stati di coscienza.
Ishvara: tutto il Creato.

9. Ci potresti dire esattamente chi sono questi Esseri di Luce allo stato più puro?
Dawio: nello stato più puro c'è solo pura Coscienza, gli Esseri di Luce risiedono nei diversi stati della Coscienza universale.
Ishvara: nello Stato più puro c'è solo Pura coscienza senza alcuna manifestazione.

10. Gli Arcangeli e i Maestri di livello più alto nella Gerarchia spirituale risiedono nella Pura coscienza?
Ishvara: no, si trovano nei diversi stati di coscienza.

11. Quali Esseri ci sono sul Sole?
Ishvara: Esseri di Luce molto evoluti.

12. E sulla Luna?
Ishvara: Esseri di Luce meno evoluti.

13. Ci sono delle dimensioni dove non ci sono malattie?
Maria: solo dove regna l'Amore assoluto.
Dawio: nella pura Coscienza universale.
Ishvara: nella pura Coscienza o nell'Assoluto.

14. Nella civiltà egiziana antica c'erano anche alcuni abitanti sopravvissuti di Atlantis?
Maria: sì.
Dawio: sì.
Ishvara: sì.

15. Loro erano in contatto con Shamballa?
Maria: sì.
Dawio: sì.
Ishvara: sì.

16. Ci potresti parlare dei Maestri ascesi e della Gerarchia?
Maria: i Maestri ascesi sono degli Esseri di Luce multidimensionali e la Gerarchia spirituale è collegata al livello di Coscienza dei Maestri di Saggezza.
Dawio: nei diversi piani di coscienza ci sono Anime o Esseri di Luce molto saggi che formano la Gerarchia celeste.

Ishvara: sono Esseri che risiedono in altri mondi paralleli.

17. Quali sono i nostri peccati capitali?
Maria: sono quelli legati alle vostre azioni più significative che generano conflitti interiori.
Dawio: i 7 peccati capitali sono delle regole di condotta per cercare di stabilire un ordine sociale.
Ishvara: quelli cristiani.

18. E quali sono le Virtù che dovremmo sviluppare?
Maria: il coraggio di aprire il vostro Cuore e avere Fede.
Dawio: amate tutto e tutti, in ciò sono racchiuse tutte le virtù.
Ishvara: tutte.

19. Qual è la lingua scritta più antica degli Dei?
Maria: il sanscrito.
Dawio: sul Vostro pianeta il sanscrito.
Ishvara: sanscrito.

20. Cosa ci suggerisci al riguardo alla Bhagavad Gita?
Maria: è uno dei testi sacri scritto in sanscrito dell'Induismo che aiuta a raggiungere l'Assoluto.
Dawio: è uno dei testi sacri dell'Induismo che vi può condurre alla realizzazione del Sé.
Ishvara: studiatela.

21. Chi è Yogananda?
Maria: nell'Essenza rappresenta l'Assoluto.

Dawio: è un Maestro di Saggezza che ha fatto conoscere la profondità dello Yoga in Occidente. E' un Essere di Luce che ha illuminato tante coscienze.

Ishvara: un Essere di Luce.

22. Cosa ci puoi dire del libro di Walsch "Conversazioni con Dio"?

Maria: Walsch è un altro canale attraverso il quale posso manifestarMi.

Dawio: è un canale che vi condurrà alla conoscenza più profonda di voi stessi.

Ishvara: è un'altra Mia creazione.

23. I libri di Walsch hanno delle similitudini con questo che stiamo scrivendo noi?

Maria: sì.

Dawio: sì.

Ishvara: sì.

24. Ishvara hai ancora qualcosa da dirci?

Maria: continuate a canalizzare senza la tavola medianica. Grazie, Vi porto sempre nel Cuore. Vi Amo.

Dawio: le domande che farete in futuro vi aiuteranno a crescere maggiormente sul vostro cammino spirituale perché approfondirete dei temi più specifici. Abbiate coraggio di fare domande sempre più profonde. Sono qui per questo. Amore e Luce a voi.

11° SESSIONE DI CANALIZZAZIONE

Martedì 11 luglio 2017 ore 20.15 – 01.00

1. Puoi dirci qualcosa d'importante di Maria che è stata dimenticata da lei e che Dawio non sa?
Ishvara: tu sei un'Incarnazione divina ed entrambi non ne siete totalmente consapevoli.

2. Hai qualcosa da suggerci al riguardo alla seduta di ieri?
Ishvara: no.

3. Possiamo dire ai nostri familiari più stretti che canalizziamo?
Ishvara: no.

4. Come ci consigli di fare oggi la seduta?
Ishvara: la mia volontà è la vostra, abbiate fiducia in Voi e in Me.

5. Siccome lo scopo di questo lavoro è di fare le Canalizzazioni di gruppo, volevamo chiederti se è una buona idea se oggi canalizza solo Dawio, dicendomi le risposte a voce alta e Maria le scrive direttamente nel computer?
Ishvara: provate.

6. Come si chiama questa canalizzazione?
Ishvara: canalizzazione diretta o vocale.

7. Che cosa dobbiamo sapere d'importante che non sappiamo ancora al riguardo delle sedute di canalizzazione di gruppo?

Canalizzazione diretta vocale con Dawio: tutte le informazioni ve le darò cammin facendo. Non abbiate fretta.

Ishvara: le informazioni vi saranno date nel momento opportuno.

8. Questa notte ho sognato Pa. e Ro.. Come mai?

Canalizzazione vocale con Dawio: a volte succede, durante i nostri sogni, che delle anime del passato vengono a trovarci per stabilire qualche contatto con loro. Non è importante se non è chiaro il contatto perché nel mondo dei sogni tutto avviene in una modalità molto più profonda e sottile. Non cercare di capire troppo i tuoi sogni ma conosci sempre meglio ciò che ti accade nel qui e ora.

Ishvara: ciò che accade nei sogni, spesso è solo una rielaborazione di ciò che ci accade di giorno.

9. Possiamo lavorare spiritualmente per gli altri nei sogni?

Canalizzazione vocale con Dawio: il lavoro spirituale che è fatto durante il giorno procede anche nelle ore di sonno nel mondo dei sogni e nei mondi ancora più sottili che riguardano anche l'inconscio e questo lavoro lo fate non solo per voi stessi ma anche per l'intera umanità e più vi eleverete spiritualmente e più questo lavoro verrà fatto a livello universale.

Ishvara: sì.

10. Una volta purificato tutti e tutto all'Universo cosa succede?
Canalizzazione vocale con Dawio: a quel punto più nulla esisterà nella manifestazione perché tutto sarà pura Essenza, ogni cosa e ogni Essere sarà riassorbito nella fonte che è l'Assoluto.
Ishvara: nulla più può accadere, poiché Tutto è diventato Uno.

11. Cosa intendi per purificare tutto?
Canalizzazione vocale con Dawio: fare tutto ciò che vi conduce all'Amore assoluto. E per fare questo è importante che conosciate voi stessi perché ciò che siete nel qui e ora è lo strumento che state usando per realizzare voi stessi.
Ishvara: ritornare all'Amore assoluto.

12. La purificazione ha a che fare con il karma?
Canalizzazione vocale con Dawio: il karma sono tutte le vostre esperienze sostenute dalla legge di causa ed effetto, memorie passate e fintanto che non riuscite a liberarvi totalmente dalle redini del passato, dovrete continuare a purificare il vostro cuore e la vostra mente.
Ishvara: sì.

13. Possiamo prendere karma degli alti su di noi?
Canalizzazione vocale con Dawio: in un modo o nell'altro siamo tutti quanti connessi quindi in una certa misura prendiamo su di noi un po' di karma anche degli altri. Più un'anima o un Essere è evoluto e più karma degli

altri può prendere su di sé ed è anche per questo che tanti Maestri della Luce continuano a incarnarsi su questo pianeta.

Ishvara: sì, ma solo se siete particolarmente evoluti.

14. Come possiamo bruciare il karma direttamente e volontariamente degli altri e chi lo può fare?

Canalizzazione vocale con Dawio: bruciando il vostro karma bruciate anche il karma degli altri. Potete bruciare più karma degli altri facendo del servizio disinteressato quindi aiutando gli altri con Amore senza aspettarsi nulla in cambio.

Ishvara: aiutando i bisognosi e facendo del bene bruciate del vostro karma e quello degli altri.

15. Si può bruciare karma con il Reiki?

Canalizzazione vocale con Dawio: sì. Il Reiki è una tecnica con la quale viene canalizzata l'Energia universale, la quale va a purificare non solo voi stessi ma anche tutto ciò che vi sta attorno.

Ishvara: sì.

16. Cosa succede durante un Darshan quando un Maestro ti guarda negli occhi?

Canalizzazione vocale con Dawio: Maestre e Maestri spirituali molto evoluti, guardandovi negli occhi, purificano il vostro Cuore e la vostra mente senza aver bisogno di prendere su di sé il vostro karma perché loro affidano o consegnano questo karma all'Universo. Loro sono qui sulla Terra unicamente per il profondo Amore che nutrono per noi e per poterci aiutare a evolvere spiritualmente e raggiungere la nostra Essenza che in realtà non se n'è mai andata ma è solo adombrata dai limiti dei nostri corpi e delle nostre menti.

Ishvara: ti purifica, brucia karma e ti trasmette un po' del suo potere.

17. Cos'è l'ombra?

Canalizzazione vocale con Dawio: l'ombra è l'ignoranza generata dai limiti della nostra mente che è incapace di capire ciò che è illimitato. La mente deve andare oltre sé stessa affondando nel silenzio e solo così potrà realizzare ciò che è incommensurabile, ovvero al di là del tempo e dello spazio.

Ishvara: ignoranza.

18. Il detto "dove c'è Luce non c'è ombra" è collegato a Lucifero?

Ishvara: no, la Luce non può conoscere l'ombra, come l'Amore non conosce l'odio.

19. Chi è Lucifero?

Ishvara: è colui che porta la luce della conoscenza ma che non vi potrà condurre all'Amore, ovvero a Dio.

20. Ai Maestri molto evoluti è consentito di bruciare qualsiasi karma o ci sono anche lì dei limiti?

Canalizzazione vocale con Dawio: ci sono Maestri molto evoluti in diversi stati di coscienza o dimensioni e, anche se possono bruciare tanto karma, non è loro possibile bruciare il karma di tutto l'Universo poiché ogni Essere è chiamato a realizzare sé stesso. Se i Maestri prendessero su di loro l'intero karma di una persona, non permetterebbero a questa persona di riconoscere sé stesso, quindi, può essere bruciato solo il karma che è consentito dall'illimitata coscienza universale o dall'Assoluto. Ognuno ha il proprio cammino spirituale e nessun Maestro, nemmeno quello più evoluto, può fare il cammino per lui.

Ishvara: sì, ma solo se rientra nel Piano divino.

21. A che punto siamo noi due al riguardo del nostro Karma?

Canalizzazione vocale con Dawio: dal karma siete passati al Dharma, ovvero, è già da un po' di tempo che avete iniziato un vero e profondo cammino spirituale interiore. Questo significa che state bruciando non solo il vostro Karma rimanente, ma anche il karma dell'Umanità intera. E questo è il vostro compito, la vostra missione.

Ishvara: c'è del karma personale e soprattutto dell'intera umanità che dev'essere bruciato.

22. Ogni tanto Maria ha l'impressione, quando guarda una persona anche solo in televisione, che questa riesca a trasmettere la sua energia. Com'è possibile? Cosa succede in questo caso?

Canalizzazione vocale con Dawio: avendo dei canali che, in certi momenti, sono particolarmente aperti e sensibili, il fatto di vedere o stare accanto a delle persone, ci permette di percepirne o sentirne l'energia oppure, in alcuni casi, addirittura intuire i pensieri.

Ishvara: in quegli istanti sei particolarmente ricettiva.

23. Come possiamo vedere l'aura degli altri?
Canalizzazione vocale con Dawio: continuando a purificare la vostra mente e il vostro Cuore potrete percepire l'aura di chi vi sta accanto.
Ishvara: rendendo la vostra mente e il vostro corpo più sensibili.

24. Come possiamo renderli più sensibili?
Ishvara: attraverso la purificazione.

25. Il canale è la nostra Anima?
Canalizzazione vocale con Dawio: il canale sono la tua mente e il tuo corpo. Attraverso di loro gli Esseri di Luce possono comunicare ad altre persone e trasmettere loro dei messaggi di saggezza. Per questo è assolutamente importante il processo di purificazione di mente e corpo affinché possano essere degli strumenti sempre più affidabili e sempre più sottili per far sì che messaggi sempre più elevati e profondi possano essere trasmessi a chi pone le domande. La purificazione pulisce sempre di più la mente dai pregiudizi, dalle nostre impressioni personali permettendo al messaggio di giungere sempre più autentico. È altrettanto importante la purificazione del corpo con una vita che sia il più possibile sana poiché un corpo malato e stanco farà più fatica a canalizzare i messaggi di Luce.
Ishvara: no, il canale è costituito dalla vostra mente e dal vostro corpo.

26. Maria e Dawio devono fare il Mantra che gli hai dato per purificare il karma degli altri?

Canalizzazione vocale con Dawio: esatto. Inoltre questo Mantra, come tutti quanti gli altri Mantra che ognuno di noi sente nel proprio Cuore, aiutano a proteggerci in quanto, diventando sempre più sensibili, diventiamo anche più vulnerabili ed ecco la necessità di trovare, ognuno a suo modo, degli strumenti che lo aiutano a proteggersi e a rimanere il più possibile centrato nelle situazioni più difficili della vita.

Ishvara: sì, ma ogni tecnica di purificazione fatta con il Cuore va bene.

27. Una volta nel Dharma, si può ancora ricadere nel Karma?

Canalizzazione vocale con Dawio: c'è sempre un residuo di Karma personale durante tutta la vita e, una volta nel Dharma, si inizia a bruciare anche un po' di karma degli altri.

Ishvara: entrambi non sono completamente separati, c'è sempre del Karma da bruciare anche se si è nel Dharma.

28. Se ho capito bene: chi è nel Dharma è entrato nell'Assoluto?

Canalizzazione vocale con Dawio: non ancora, potenzialmente tutti quanti noi proveniamo dall'Assoluto. Tutti quanti noi abbiamo già realizzato il Divino dentro di noi ma lo ignoriamo perché ci identifichiamo con il nostro corpo e la nostra mente che sono limitati, quando invece la nostra natura ultima è illimitata Coscienza universale. Per questo quando la nostra mente è silenziosa, siamo più vicini al Divino che è dentro di noi e che è ovunque.

Ishvara: non ancora, il Dharma ha inizio con la presa di coscienza dell'importanza del cammino spirituale.

29. Se Dawio è nel Dharma, perché deve ancora lavorare presso il suo datore di lavoro invece di fare il Maestro spirituale a tempo pieno?

Canalizzazione vocale con Dawio: ciò che uno fa non è così importante, ciò che veramente conta è l'attitudine interiore. Nella storia dell'Umanità ci sono stati tanti Maestri spirituali di grande levatura che hanno svolto lavori molto umili per insegnare agli altri che Dio è ovunque. Inoltre, non tutti i Maestri sono destinati all'insegnamento come non tutti i Maestri hanno avuto dei discepoli. Tanti Maestri hanno vissuto nell'anonimato perché questo era il loro destino, ma non erano meno importanti di coloro che avevano al loro seguito migliaia di discepoli. L'azione che ha una Maestra o un Maestro spirituale non dev'essere per forza esteriore e quindi visibile agli occhi di tutti, anzi, Maestre e Maestri particolarmente evoluti, pur avendo avuto una vita nell'anonimato e normale, hanno fatto un grande lavoro a livello sottile. Abbiate considerazione e rispetto degli Esseri umani che voi considerate più umili e poveri perché dietro di loro potrebbe nascondersi una grande Maestra o un grande Maestro spirituale.

Ishvara: perché non è ancora pronto o perché non rientra nel Piano divino.

30. Le Canalizzazioni sono le parole (energia) sacre che passano tra il Sé superiore e Sé inferiore e in mezzo c'è il corpo che li collega. Questa definizione è giusta?

Canalizzazione vocale con Dawio: non esattamente. Sia il sé inferiore che il corpo filtrano ciò che arriva dal Sé superiore. Da lì, l'importanza della purificazione del Sé inferiore e del corpo.

Ishvara: non proprio, l'Energia universale passa attraverso i vostri corpo, mente e si concretizza nei vostri pensieri.

31. Che cos'è il sé inferiore?
Ishvara: l'io.

32. L'io che cos'è?
Ishvara: i vostri pensieri.

33. Ci puoi dire qualcosa delle incarnazioni?
Canalizzazione vocale con Dawio: l'incarnazione è un processo evolutivo che fa l'Anima per ritornare alla sua fonte, alla sorgente del suo Essere che è l'Assoluto.

Ishvara: l'Anima s'incarna per realizzare sé stessa come Essenza.

34. Che cos'è l'Essenza?
Ishvara: Dio, l'Assoluto, la Fonte, la Sorgente dell'Essere, l'illimitata Coscienza universale.

35. E' vero che quando rinasciamo, nasciamo sempre nella stessa famiglia terrestre?
Canalizzazione vocale con Dawio: no. Il processo evolutivo dell'Anima può avvenire anche in altri mondi o in altri stati di coscienza che non siano necessariamente legati alla Terra. E' vero comunque che l'incarnazione terrestre permette indubbiamente un buon lavoro per quel che riguarda l'evoluzione spirituale.
Ishvara: no.

36. Perché la Terra è un buon luogo per evolversi?
Canalizzazione vocale con Dawio: perché il fatto di avere un corpo e una mente ci permette di effettuare una purificazione maggiore. Anche gli Esseri di Luce, pur essendo alcuni molto evoluti, sono soggetti anche loro al processo evolutivo spirituale. E questo vale anche per gli Avatar, Esseri che sul vostro pianeta vengono considerati da alcune persone e da alcune tradizioni spirituali gli Esseri più evoluti del piano terrestre.
Ishvara: perché permette un'evoluzione più accelerata.

37. Perché è più accelerata l'evoluzione sulla Terra?
Ishvara: perché l'incarnazione è abbastanza rara nell'Universo e per questo diventa una grande opportunità di crescita spirituale.

38. Anche gli Avatar devono ancora evolversi ulteriormente?
Ishvara: sì.

39. Ci puoi dare un nome di qualche Avatar che vive ora sulla Terra?

Canalizzazione vocale con Dawio: preferisco non fare nomi specifici, in quanto ciò potrebbe creare malintesi. E' più importante che vi preoccupiate del vostro personale processo evolutivo che preoccuparvi degli altri.

Ishvara: ce ne sono alcuni, ma preferisco non fare nomi per non condizionarvi.

40. Il ciclo di crescita spirituale può raggiungere una fine?

Canalizzazione vocale con Dawio: in verità, i concetti d'inizio e fine sono legati al tempo. Invece l'Assoluto è al di là del tempo e anche dello spazio, quindi, raggiunto lo stadio finale, il processo evolutivo ha temine perché si è al di là del tempo e dello spazio; non può esserci evoluzione laddove non c'è tempo né spazio.

Ishvara: sì, quando si è realizzato l'Assoluto, Dio.

41. Come siamo stati creati sulla Terra?

Canalizzazione vocale con Dawio: dal momento in cui è entrato in essere la manifestazione dell'Universo, ha avuto inizio la creazione di tutto ciò che in esso c'è, e quindi, anche della specie umana. Ciò che conta veramente è intuire, percepire al di là della mente, che voi siete al di là del tempo e dello spazio. Questo è veramente importante. Cercare di capire se è nata prima la gallina o l'uovo non farà altro che alimentare la vostra mente, la quale continuerà in un processo infinito a porre domande poiché, a ogni causa seguirà un effetto e a ogni effetto seguirà una causa. E così fino all'infinito. Ishvara: è un processo evolutivo che risale alla nascita dell'Universo.

42. Quando è nato l'Universo?
Ishvara: l'Universo o Multiverso è infinito.

43. Ci puoi spiegare meglio che cos'è il Multiverso?
Ishvara: sono gli infiniti Universi che ci sono al di là del vostro.

44. Chi è il Creatore del MultiUniverso?
Ishvara: Io, Dio, ovvero il Multiverso si è autogenerato.

45. Com'è possibile che si possa autogenerare?
Ishvara: nella vostra dimensione non vi è possibile capire perché la mente non è lo strumento adatto, visti i suoi limiti temporali.

46. Ci puoi parlare del Paradiso e dell'albero della conoscenza del bene e del male?
Canalizzazione vocale con Dawio: come detto precedentemente, questo genere di domande sono senz'altro utili per alimentare e creare ulteriori concetti mentali che per voi non saranno che semplici idee. Ciò che veramente conta è andare al di là della mente, ovvero sprofondare nell'illimitata Coscienza universale attraverso la meditazione che vi porterà sempre di più nel silenzio della mente.

Ishvara: ci vorrebbe troppo tempo e questa non è la modalità più adatta.

47. Quale modalità ci consigli?
Ishvara: la canalizzazione vocale.

48. Allora può andar bene la risposta ricevuta nella canalizzazione di Dawio?
Ishvara: sì, è indispensabile che non vi riempiate la mente di soli concetti.

49. Per raggiungere l'Assoluto bisogna trascendere la sessualità?
Canalizzazione vocale con Dawio: è come chiedere se per raggiungere l'Assoluto bisogna rinunciare al piacere di mangiare o a qualsiasi altro piacere. Non è certo la rinuncia volontaria alla sessualità che vi porterà all'Assoluto. Anzi, questo è solo Ego che, privandosi della sessualità, nutre l'aspettativa di poter raggiungere, prima o poi, l'Assoluto. Quando invece la repressione volontaria della sessualità non farà altro che alimentare il conflitto interiore tra ciò che siete e ciò che vorreste essere e diventare. Quando il pensiero interviene nella sessualità, iniziano problemi e conflitti. Che male c'è nel fare l'Amore o meglio nell'avere rapporti sessuali quando c'è Amore? Perché mai bisognerebbe rinunciare alla sessualità quando c'è Amore?
Ishvara: il pensiero non risolverà mai la questione della sessualità; una mente silenziosa è una mente sacra e, una mente sacra non conoscerà alcun conflitto sessuale o di altro genere.

50. Quindi non è necessario privarsi della sessualità quando si fa un cammino spirituale?
Ishvara: esattamente, quando c'è Amore, tutto è possibile, anche la sessualità.

51. Come si fa a capire quando c'è Amore nella sessualità?
Canalizzazione vocale con Dawio: quando tra gli Esseri umani c'è rispetto l'uno per l'altro. Quando non si usa l'altro per soddisfare i propri bisogni sessuali, allora c'è Amore.
Ishvara: quando entrambi vogliono il bene l'uno per l'altro.

52. Perché abbiamo bisogno del sesso?
Canalizzazione vocale con Dawio: la sessualità è un istinto primordiale che serve alla procreazione della specie umana e di tutte le altre creature. Quando interviene il pensiero con i suoi bisogni, le sue richieste, ecco che la sessualità diventa pornografia, diventa violenza, diventa sottomissione, diventa una forma di potere e di dominio verso l'altro o l'altra.
Ishvara: l'istinto di base è la procreazione e poi la ricerca del piacere.

53. L'energia sessuale può essere usata per la canalizzazione?
Canalizzazione vocale con Dawio: la sessualità vissuta come un incessante bisogno di soddisfacimento dei propri piaceri comporta una dispersione di energia che

altrimenti sarebbe preservata e che andrebbe al beneficio del processo di canalizzazione. Con ciò non voglio dire che chi canalizza non debba avere rapporti sessuali, ma semplicemente bisogna ascoltarsi e capire se la sessualità nasce dal pensiero o è un'esigenza prettamente fisiologica. È un po' come il mangiare. Quando il corpo lo richiede, si mangia. Allo stesso modo, se una coppia di Canalizzatori sente un impulso sessuale che è frutto dell'Amore reciproco e del rispetto che entrambi hanno, allora perché non dovrebbero fare l'Amore? Il conflitto che ci sarebbe nel reprimere la sessualità disperderebbe molta più energia che il vivere l'atto amoroso in assoluta serenità e nell'amore che entrambi i partner provano l'una verso l'altro.

Ishvara: sì, ma non per questo dovete rinunciare alla sessualità se c'è amore.

54. Nella nostra attuale dimensione possiamo trascendere il corpo e la mente per raggiungere l'Assoluto?

Ishvara: sì, ma solo quando vi trovate nello stato più profondo della meditazione.

55. Quando ci troviamo nello stato più profondo della meditazione, riusciamo a capire come si autogenera il Multiverso?

Ishvara: sì, ma non con la mente perché a quel punto sarete al di là del tempo e dello spazio.

56. Sì, ma con cosa lo capiremo se non con la mente?
Ishvara: a quel punto non avrete bisogno di capirlo perché vi troverete dentro, anzi, sarete il Multiverso stesso.

57. Lo stato più profondo di meditazione lo si può raggiungere con delle prove?
Ishvara: l'unico modo per accedervi è la meditazione nel silenzio.

58. Questo stato corrisponde al Paradiso della Bibbia?
Ishvara: no, perché nel Paradiso ci sono forme di esistenza.

59. È corretto affermare che il Paradiso ha la corrispondenza nel Chakra del Cuore?
Ishvara: sì.

60. L'albero della conoscenza corrisponde alla mente?
Ishvara: sì, la conoscenza è della mente.

61. In quali altri modi Ti manifesti nella nostra realtà?
Canalizzazione vocale con Dawio: il modo migliore per capire in che modo Io mi manifesto, è quello di rendervi conto nel profondo del vostro Cuore che voi stessi siete una mia manifestazione, e per questo è fondamentale che voi conosciate sempre più profondamente voi stessi perché voi siete Me e Io sono Voi.
Ishvara: in tutti i modi visibili e invisibili.

62. Ci potresti spiegare un po' meglio che cos'è il destino?

Canalizzazione vocale con Dawio: il destino corrisponde al Piano divino, ma che non vi è dato per certo conoscere, poiché la mente che è limitata non potrà mai conoscere ciò che è illimitato.

Ishvara: è ciò che vorreste sapere ma che la mente limitata non potrà mai sapere per certo.

63. Chi crea il piano Divino?

Canalizzazione vocale con Dawio: dal momento in cui non vi è dato di sapere con assoluta certezza ciò che prevede il Piano divino per voi, ciò che veramente è importante, è che voi stessi vi sentiate responsabili della vostra vita, e così facendo, creerete voi stessi il Piano divino. Potete lasciarvi trasportare dagli eventi della vita. Potete essere come una bandiera che, su di un sasso, sventola dove soffia il vento, oppure, potete vivere come se foste voi stessi a intagliare nella pietra il destino della vostra vita. Se volete realizzare la vostra Missione, non potete essere la bandiera che sventola laddove soffia il vento, ma dovrete essere voi stessi a disegnare sulla pietra della vostra vita il destino che vorrete. E per fare ciò, siate già adesso, nel qui e ora, ciò che vorreste essere nel futuro. Non aspettate il cambiamento, ma siate ora il cambiamento e vedrete che sarete voi i padroni del vostro destino. Vivendo in questo modo, non avrete la delusione di non aver fatto, o per lo meno provato a fare, ciò che più amate nella vita. E se le cose poi non andranno come avreste voluto, almeno ci avete provato. Ma se nemmeno ci provate, allora con quale diritto e con quale pretesa pretendete che siano gli altri, il destino stesso o Dio a darvi ciò che nemmeno voi provare a essere?

Ishvara: siete voi, poiché il destino non lo potete conoscere per certo.

64. Se il destino è scritto nel Piano divino, abbiamo la possibilità di cambiare la nostra vita sulla Terra?

Canalizzazione vocale con Dawio: assolutamente sì, ma se non ci provate nemmeno, rimarrà in questo caso il rammarico di non averci neanche provato. Siate il cambiamento che volete nel mondo. Vivete già ora il sogno della vostra vita. La vita è Lila, un grande gioco. Allora giocatela fino in fondo. Fate della vostra vita il più bel sogno. E questo è il modo migliore per vivere.

Ishvara: sì, almeno provateci.

65. Che lingua si parla negli altri mondi simili al nostro?

Canalizzazione vocale con Dawio: illimitate lingue, quante sono gli illimitati mondi.

Ishvara: infinite lingue e tutte diverse.

66. La telepatia viene usata in tutti mondi?

Canalizzazione vocale con Dawio: sì.

Ishvara: sì.

67. Come si svolge la telepatia tra voi, visto che siete senza corpo?

Canalizzazione vocale con Dawio: al livello dell'Assoluto la telepatia è un termine che non esiste. In quanto

nell'onniscienza tutto è telepatia. Questi per voi sono solo concetti. Potete riempirvi la testa di tanti belle idee di ciò che accade nei diversi mondi e negli infiniti stati di coscienza e questo può senz'altro arricchire la vostra mente. Ma quanto di tutto ciò è veramente reale per voi? Potete leggere un'infinità di libri su questi argomenti. Oppure cercare in internet, ma se non scoprirete dentro di voi la verità o falsità di ciò che avete letto o sentito altrove o anche da Me, tutto quello che avete assimilato intellettualmente vi servirà a ben poco. Scoprite dentro di voi ciò che siete, come funziona la vostra mente, il vostro pensiero, le vostre emozioni, osservate attentamente tutto ciò che accadde dentro e fuori di voi.
Ishvara: la telepatia non richiede necessariamente un corpo fisico per esprimersi.

68. Se gli Esseri di Luce non hanno un corpo come fanno a distinguersi?
Canalizzazione vocale con Dawio: quando tu ti trovi nel sonno profondo ovvero nel sonno senza sogni puoi forse dire che non esisti? E se esisti, in che forma esisti e in che modo entri in contatto con altre entità? Sta a te scoprirlo, allora avrai la risposta alla tua domanda. Ma non accontentarti delle mie risposte né di quelle di altri. Scoprilo da solo, e questo non è eludere le risposte ma è invitarti a scoprire tu direttamente la verità o la falsità di qualunque cosa e non accontentarti di semplici concetti.
Ishvara: il fatto che non li vedi non significa che non esistano e, se esistono, devono distinguersi per essere riconosciuti.

69. I cinque sensi ci sono anche in altri mondi?

Canalizzazione vocale con Dawio: in altri mondi ci sono delle realtà simili a quelle della Terra con Esseri simili agli umani e proprio per questo anche loro hanno dei sensi che sono simili ai vostri. Non siete soli nell'Universo. E nemmeno unici. Ma questo è ancora lontano per voi scoprilo nei fatti.

Ishvara: sì.

70. Che tipi di suoni ci sono nelle altre dimensioni?

Canalizzazione vocale con Dawio: la risposta che ho dato prima va bene anche per questa domanda quindi non mi dilungherò oltre. Posso solo aggiungere che anche nel cosiddetto vostro mondo ci sono un'infinità di suoni che voi non conoscete e nemmeno sentite ma che ad esempio gli animali sentono.

Ishvara: un'infinità di suoni.

71. Perché sulla Terra c'è la sovrappopolazione?

Canalizzazione vocale con Dawio: perché per svolgere tanti compiti c'è bisogno di tanti Esseri umani, altrimenti la Terra non si sarebbe potuta sviluppare come ha fatto finora.

Ishvara: siete in tanti, ma c'è posto per tutti.

72. Se noi dobbiamo evolverci spiritualmente, a cosa ci serve svilupparci economicamente sulla Terra?

Canalizzazione vocale con Dawio: lo sviluppo economico è necessario per portare benessere nel mondo. E' chiaro che ancora tante persone non beneficiano di questo benessere. Ma con il tempo, anche i più poveri potranno goderne. Questo farà sì che in futuro l'Essere umano possa dedicarsi maggiormente a ciò che ama e più avanti nell'evoluzione, a dedicarsi alla spiritualità, perché non dovrà più preoccuparsi di avere un tetto, da mangiare, dei vestiti e un certo benessere. In pratica la società futura avrà più tempo libero da dedicare alla ricerca e all'evoluzione spirituale. Entrando sempre di più in quella che è stata definita la Nuova Era, l'Umanità evolverà sempre di più sul piano spirituale dopo aver dedicato così tanti anni all'evoluzione industriale ed economica. Già sin d'ora, si può notare come sempre più persone s'interessino alle questioni spirituali.

Ishvara: per avere così più tempo da dedicare la spiritualità.

73. Cosa ci puoi dire delle organizzazioni religiose o esoteriche?

Canalizzazione vocale con Dawio: spesso questo genere di organizzazioni sono quelle che portano maggiore conoscenza nel campo del misticismo, nel campo spirituale, nel campo della magia e in tutte queste arti. E proprio per questo è importante che ci siano, perché integrano ciò che le religioni più conosciute non sanno, o meglio, non possono o non vogliono dire. Ma abbiate sempre la capacità di chiedere, di approfondire, di mettere in discussione tutto ciò perché questo vi aiuterà ad aprire la mente, ma al contempo abbiate Fede nel vostro Cuore perché la Fede vi darà ciò che la mente non sarà mai in grado di capire.

Ishvara: vi aiutano a capire ciò che la scienza non è in grado di spiegare.

74. Ci sono altre dimensioni con Esseri di Luce che materializzano la Vibhuti?
Canalizzazione vocale con Dawio: sì.
Ishvara: sì.

75. Com'è la Vibhuti nelle altre dimensioni?
Canalizzazione vocale con Dawio: è sempre diversa.
Ishvara: sempre diversa.

76. Il profumo della Vibhuti che influenza può avere su di noi?
Canalizzazione vocale con Dawio: la fragranza della Vibhuti, passando dalle narici, arriva ai polmoni, e dai polmoni arriva al cervello, nel cervello attiva un processo di purificazione, quindi, annusando la Vibhuti e sentendo la sua dolce fragranza, ecco che la nostra mente diventa più calma, silenziosa, intuitiva e percettiva e, grazie a ciò, il terz'occhio si apre sempre di più verso quelli che sono definiti i mondi sottili o di altre dimensioni di coscienza. Ma questo non è da tutti. Per la maggioranza, odorare la Vibhuti, è semplicemente sentire un profumo e nient'altro, ma anche questo va bene perché non a tutti è dato di essere coscienti di ciò che accade nei piani sottili.
Ishvara: purifica la mente, il corpo e apre il terz'occhio.

77. Perché quando facciamo la canalizzazione a voce alta le risposte sembrano di Dawio stesso?
Canalizzazione vocale con Dawio: perché la sua mente non è ancora completamente libera.

Ishvara: ciò che sembra, non sarà mai la Verità.

78. Hai ancora qualcosa da aggiungere?
Ishvara: sì, grazie di Cuore per la vostra pazienza. Vi amo.

12° SESSIONE DI CANALIZZAZIONE

Mercoledì 12 luglio 2017 ore 10.00 – 11.30

1. Hai ancora da dirci qualcosa al riguardo la seduta di ieri?
Ishvara: le risposte non vanno mai considerate come definitive ma vanno ulteriormente approfondite con altre domande.

2. Cosa ci suggerisci per oggi?
Ishvara: continuate così.

3. Qual è il messaggio della Vibhuti sulla statua di Vishnu?
Ishvara: preservare la natura ultima dello spirito.

4. Ci puoi spiegare un po' meglio questo concetto?
Ishvara: ricordarsi il più possibile che la vostra natura primordiale è Dio, ovvero l'Assoluto, l'Essenza.

5. Come mai non ci hai materializzato la Vibhuti?
Ishvara: perché è l'Ego a chiederla e non il Cuore, il Cuore dà senza chiedere né aspettarsi niente.

6. Ci puoi dire qualcosa sul Dharma?

Ishvara: siete nel Dharma quando la vostra volontà coincide con la Volontà divina, ovvero siete nel Chi, cioè nel flusso naturale degli eventi in assoluta armonia e serenità d'animo.

7. Cosa c'è dopo il Dharma?

Ishvara: il Dharma è il cammino verso Dio.

13° SESSIONE DI CANALIZZAZIONE

Mercoledì 12 luglio 2017 ore 17.30 – 11.30

1. Hai qualcosa da suggerirci?

Ishvara: no.

2. Vishwananda si trova nel Dharma o oltre?

Ishvara: Egli è sicuramente nel Dharma, ma ricordatevi che anche le anime più evolute sono soggette al principio evolutivo.

3. Cosa intendi per principio evolutivo?

Ishvara: Dharma ovvero la crescita, il cammino, la ricerca spirituale.

4. Tutti coloro che sono sul cammino spirituale sono nel Dharma?

Ishvara: sì, anche se non si può separare nettamente il Dharma dal Karma.

5. Ci puoi dire la differenza tra Karma e Dharma?
Ishvara: quando s'inizia seriamente la ricerca, il cammino spirituale, ecco che ha inizio il Dharma.

6. Cosa intendi per un cammino spirituale serio?
Ishvara: passare dalla teoria alla pratica, ovvero, dalla lettura all'introspezione, dalla ricerca esteriore a quella interiore.

7. Nel Dharma c'è ancora del Karma personale?
Ishvara: sì, c'è sempre un residuo karmico personale.
8. Essendo nel Dharma, Maria come si dovrebbe comportare nei confronti della sua famiglia?
Ishvara: seguendo il suo Cuore, farà sempre la cosa giusta.

9. Cosa ne pensi del cerchio bianco per la canalizzazione?
Ishvara: è importante.

10. Perché?
Ishvara: non tanto per voi ma per proteggervi durante il lavoro di gruppo.

11. Da cosa ci dobbiamo proteggere?
Ishvara: dalle eventuali energie dense che altri porteranno da voi.

12. Ci sono persone che porteranno energia negativa?
Ishvara: il termine "negativo" è fuorviante e infelice, direi che certe persone sono appesantite dai loro problemi.

13. Se sono appesantite dai loro problemi, perché li fai venire?
Ishvara: c'è un certo lavoro che dev'essere fatto su di loro.

14. Che tipo di lavoro?
Ishvara: sarà un processo di purificazione.

15. Di cosa si devono purificare?
Ishvara: dai loro dubbi, dalle loro paure e dai loro problemi.

16. Che tipo di dubbi hanno?
Ishvara: al riguardo del lavoro che state facendo.

17. Quale lavoro?
Ishvara: la canalizzazione.

18. Hanno paura di Te?
Ishvara: no.

19. Allora qual è il loro problema a riguardo della canalizzazione?
Ishvara: non ci credono nel loro Cuore, ma ciò è comprensibile.

20. Possiamo fare qualche cosa affinché loro ci credono?
Ishvara: sì, non cercate di convincerle.

21. Allora perché vengono da noi?
Ishvara: sono incuriosite e interessate ad approfondire quello che succede durante le Canalizzazioni.

22. Come mai hai materializzato la Vibhuti sulla statua di Ganesha che avevo regalato a C. e che teneva a casa sua?
Ishvara: per dargli protezione e trasmettergli più Fede.

23. Cosa possiamo fare contro la paura della solitudine?
Ishvara: conoscendo sempre di più voi stessi, vi sentirete meno soli.

24. Cosa ci puoi dire della pazienza?
Ishvara: è una Virtù che nasce dalla Fede.

25. In chi bisogna avere Fede?
Ishvara: in Dio.

26. Cosa ci puoi dire della curiosità?
Ishvara: è utile, se c'è rispetto e pazienza.

27. Ci sono delle persone che sono convinte che tu sei un'entità negativa. Come facciamo noi a capire che non è così?
Ishvara: se trovate qualche cosa di negativo nelle risposte, allora avranno ragione, altrimenti la negatività sarà solo una loro proiezione.

28. Che cosa sono le proiezioni della propria negatività?
Ishvara: è tutto ciò che, in diversi modi, vi crea disagio e la sorgente di questi stati d'essere è la paura della sofferenza.

29. Perché soffriamo?
Ishvara: perché non avete Fede.

30. Fede in Dio?
Ishvara: sì.

31. Cosa dovremmo fare per avere Fede?
Ishvara: amare voi stessi e il Creato.

32. Perché non amiamo noi stessi e il Creato?
Ishvara: perché vi sentite separati dagli altri e dal mondo.

33. Cosa possiamo fare per sentirci meno separati?
Ishvara: conoscere voi stessi vi aiuterà a capire che voi non siete diversi dagli altri.

34. Perché ci sentiamo diversi?
Ishvara: perché accettate come vero ciò che vi dice la mente.

35. Che cosa dovremmo fare al riguardo?
Ishvara: ascoltate il Cuore e v'insegnerà ad Amare.

36. Come facciamo a capire che stiamo ascoltando il Cuore?
Ishvara: quando vi sentite sereni.

37. Come facciamo a trovare la serenità?
Ishvara: con la meditazione.

38. Perché certe persone dubitano di noi?
Ishvara: perché non vi conoscono bene.

39. Perché la Vibhuti non arriva da tutti?
Ishvara: perché non hanno abbastanza Fede in essa oppure perché non è consentito dalla Volontà divina.

40. Quindi potrebbe arrivare ovunque?
Ishvara: potenzialmente sì, ma solo se è previsto dal Piano divino.

41. Perché da noi viene e dagli altri no?
Ishvara: anche ripetere le cose più volte ha una sua importanza, quindi, come ho già detto: o non hanno abbastanza Fede o non è previsto da Dio.

42. Perché Dio ha deciso che venga da noi?
Ishvara: perché c'è un certo tipo di lavoro che dev'essere fatto.

43. Che tipo di lavoro?
Ishvara: la Vibhuti andrà a purificare il Cuore e la mente di chi la chiederà.

44. E perché proprio da noi?
Ishvara: Dio prevede diversi compiti a diverse persone e questo è il vostro compito.

45. Il Piano divino cosa ha deciso per noi due?
Ishvara: Dio non vuole condizionarvi e quindi non è previsto che venga svelato.

46. Perché l'umanità soffre così tanto?
Ishvara: perché ascolta la mente e non il Cuore.

47. Come possiamo imparare ad ascoltare il Cuore?
Ishvara: facendo tutto ciò che porta gioia nel vostro Cuore e in quello degli altri.

48. Ad esempio la Meditazione silenziosa c'insegna ad ascoltare il nostro Cuore?
Ishvara: sì.

49. Come possiamo consigliare la Meditazione silenziosa?
Ishvara: parlando di essa quando sentite nel vostro Cuore che è il momento, ma senza voler convincere nessuno e nel rispetto di tutti.

50. Hai ancora qualcosa da dirci prima che andiamo a letto?
Ishvara: vi mando tanto Amore e tanta Luce.

14° SESSIONE DI CANALIZZAZIONE

Giovedì 13 luglio 2017 ore 09.50 – 11.30

1. Grazie per averci materializzato stamattina la Vibuthi nel piccolo contenitore viola in metallo. Come stai?
Ishvara: bene, grazie.

2. Come mai oggi ci hai materializzato la Vibhuti?
Ishvara: come benvenuto per la visita che avrete.

Grazie Ishvara sei molto gentile.

3. Possiamo fare le Canalizzazioni ognuno per conto suo quando Maria sarà assente?
Ishvara: sì.

4. Come ci consigli di canalizzare?
Ishvara: con la scrittura automatica.

5. Cosa canalizziamo?
Ishvara: quello che Io vorrò che vi arrivi sul momento.

6. Come mai ogni tanto sentiamo un'energia sulla sommità della testa che tira verso l'alto e sentiamo anche un formicolio?
Ishvara: è un processo di purificazione del 7° chakra che serve a canalizzare meglio.

7. Tutto questo che sta succedendo con la canalizzazione è la nostra immaginazione o è reale?

Ishvara: è assolutamente reale nello stato di coscienza in cui vi trovate.

8. Cosa ci puoi dire dell'urinoterapia?
Ishvara: non è per tutti, ma per chi la sente e la pratica, fa molto bene sia a livello fisico sia a livelli più sottili.

9. Perché fa bene?
Ishvara: rafforza il sistema immunitario e tutti quanti i corpi sottili.

10. Cosa ne pensi degli integratori che prendiamo per il nostro corpo?
Ishvara: vanno bene, soprattutto quelli naturali, ma con moderazione e non devono sostituire un'alimentazione sana e variata.

11. Cosa intendi per un'alimentazione sana e variata?
Ishvara: possibilmente con cibo biologico, biodinamico e integrale, mangiando piuttosto verdura e frutta crudi e limitando il più possibile il cibo di origine animale.

12. Quindi ci consigli un'alimentazione vegana?
Ishvara: nei limiti delle volontà e possibilità individuali e soprattutto senza alcun giudizio di valore.

13. Quando faremo le sedute di gruppo, ci consigli di usare anche la tavola medianica (Ishvara)?
Ishvara: sì.

14. Perché?

Ishvara: perché, anche se rallenta il tempo per le risposte, la tavola medianica, ovvero Io, vi permetterà di canalizzare le risposte in modo più oggettivo.

15. Per essere più veloci, possiamo usarla anche solo in caso di verifica per il sì o il no?

Ishvara: sì, certo, sentitevi liberi di usarla come volete.

16. Cosa si può fare per gestire meglio il sistema nervoso?

Ishvara: ad esempio, meditare.

17. Se i pensieri non si calmano, quale meditazione ci consigli?

Ishvara: ci sono diverse tecniche che vanno molto bene, tra di esse, una di quelle più facili ma non per questo meno efficace, è la meditazione con i Mantra che aiuta la mente a divenire sempre più calma e silenziosa.

18. Ci sono altri metodi che potrebbero essere altrettanto efficaci?

Ishvara: sì, tutti quelli che sentite maggiormente nel vostro Cuore.

19. Hai qualcos'altro da dirci?

Ishvara: andate in pace e non forzate niente.

15° SESSIONE DI CANALIZZAZIONE

Lunedì, 17 luglio 2017 ore 19.30 – 23.00

1. Buongiorno Ishvara, come stai?
Ishvara: bene, grazie.

2. Dobbiamo usare per forza gli indici della mano destra per tavola medianica (Ishvara)?
Ishvara: no.

3. È meglio usare gli indici della mano sinistra?
Ishvara: sì.

4. È meglio usare gli indici della mano destra?
Ishvara: sì.

5. Come ci consigli esattamente?
Ishvara: fate come vi sentite meglio, il messaggio non ne risente e viene trasmesso in ogni caso.

6. Potrebbe far girare il bicchierino anche solo uno di noi due?
Ishvara: no.

7. Come mai non muovi tu, senza di noi, il bicchierino, così noi potremmo scrivere?
Ishvara: perché nelle vostre Canalizzazioni è stato stabilito dal Piano divino che l'energia che muove il bicchierino passi attraverso di voi.

8. Hai qualcosa da dirci?
Ishvara: risolvete i dubbi, ponendo domande sul vostro cammino spirituale.

9. Perché hai materializzato la Vibhuti sulle figure cristiane, induiste e buddiste?
Ishvara: perché Dio è ovunque.

10. Secondo alcuni, l'altare non è puro perché sembra che ci sia un caos, essendoci troppe Divinità insieme?
Ishvara: il caos è dentro di loro e lo proiettano fuori.

11. Come si può trasformare il caos in ordine?
Ishvara: conoscere sé stessi porterà ordine dentro e fuori di voi.

12. Come possiamo conoscere noi stessi?
Ishvara: osservando, senza giudizio, come reagisce la vostra mente quando entrate in relazione con gli altri.

13. Ci puoi spiegare un po' meglio cosa intendi per "mente"?
Ishvara: la mente racchiude in sé l'esperienza personale, quella dell'intera umanità e dell'Universo intero.

14. Ci potresti parlare di Kalachakratantra?
Ishvara: è una via verso il Divino.

15. Come funziona?
Ishvara: attraverso diverse pratiche si purificano corpo e mente.

16. Che tipo di pratiche? Ci puoi dare un esempio?
Ishvara: ad esempio, le pratiche sessuali.

17. Chi può fare queste pratiche?
Ishvara: solo coloro che sono stati iniziati e seguiti da un Maestro competente.

18. Come funzionano?
Ishvara: attraverso certe pratiche, l'energia sessuale non viene dispersa e ciò permette di accedere ad altri piani di coscienza.

19. Cosa ci puoi dire dei miracoli?
Ishvara: i miracoli sono tutto ciò che non siete ancora in grado di capire.

20. Ishvara, chi sei Tu per noi?
Ishvara: qualsiasi Cosa Voi crediate che Io sia.

21. Da quando ci stai guidando?
Ishvara: da tanto tempo, anzi, da sempre.

22. Come mai nella Valle del Silenzio sul Monte Verità di Ascona c'è un silenzio molto profondo?
Ishvara: perché c'è un'energia particolare.

23. Che tipo di energia?
Ishvara: una forma di magnetismo sottile.

24. Che effetto ha sulla natura e sugli esseri umani?
Ishvara: purifica la mente e la natura portando maggior silenzio dentro e fuori di voi.

25. Chi abita quel luogo?
Ishvara: elementali della natura.

26. Cosa succede lì?
Ishvara: il silenzio vi apre le porte della percezione.

27. La Valle del Silenzio sul Monte Verità di Ascona è un portale che porta nella dimensione della morte?
Ishvara: no, se siete abbastanza aperti e ricettivi, vi può condurre in altri stati di coscienza.

28. Chi sono gli Assura?
Ishvara: sono Esseri che vi possono condurre in altri stati di coscienza.

29. Sono stati di coscienza bassi?
Ishvara: questi stati di coscienza non sono né alti né bassi, né positivi né negativi, ma vi aiutano ad elaborare le vostre paure e a trascenderle.

30. Hai ancora qualcosa da dirci?
Ishvara: sono nel vostro Cuore con profondo rispetto e assoluta libertà.

Anche Tu sei nel nostro Cuore. Grazie di tutto.

16° SESSIONE DI CANALIZZAZIONE

Martedì, 18 luglio 2017 ore 20.00 – 23.00

Buongiorno Ishvara, grazie per la Vibhuti che ci hai materializzato stamattina nel piccolo contenitore viola in metallo.

1. Come mai è così amara?
Ishvara: per purificare maggiormente.

2. Per purificare cosa?
Ishvara: certe energie portate da altri.

3. Che energie hanno portato?
Ishvara: energie mentali pesanti.

4. Perché una persona vuole avere potere nella relazione di coppia?
Ishvara: perché non vuole perdere ciò che ha.

5. Cosa può fare una persona per superare questa paura?
Ishvara: osservare sé stessa nella relazione con gli altri e imparare così a conoscersi.

6. E se una persona non è disposta a imparare dagli altri?
Ishvara: allora non potete farci nulla, in quanto non c'è relazione.

7. Perché la Vibhuti arriva solo sull'Altare e non in altri posti della nostra casa?
Ishvara: perché è il luogo dove c'è più energia.

8. Ci potresti parlare dei Maestri Seda, Veda e Devi?
Ishvara: no.

9. Perché no?
Ishvara: perché è più importante e che mi chiedete di voi.

10. Cosa ci puoi dire di Auroville?
Ishvara: è un buon progetto comunitario spirituale oltre che ecologico.

11. Cosa ci puoi dire a proposito delle sette?
Ishvara: le sette, indipendentemente dalla loro grandezza, sono organizzazioni religiose o esoteriche che vi manipolano con la paura e vi tolgono la libertà, per questo, dovreste cercare di starne alla larga.

12. Se noi portiamo avanti il progetto della canalizzazione, non sembriamo una setta?
Ishvara: chi vorrà crederlo, lo crederà, ma coloro che leggeranno il libro, capiranno che non si tratta di una setta perché Io non vi costringerò mai a fare qualcosa contro la vostra volontà, ma vi aiuto a conoscere meglio voi stessi affinché diventiate più liberi e possiate così realizzare il Divino dentro e fuori di Voi.

13. Come riusciamo a capire che la nostra canalizzazione attraverso la scrittura automatica è pura, cioè precisa e affidabile?

Ishvara: non sarà mai completamente pura, ma se sarà il più possibile libera da giudizi di valore e non dirà cosa fare o non fare e soprattutto aiuterà a riflettere e a conoscere meglio voi stessi, allora saprete che siete sulla strada giusta.

14. Cosa possiamo fare per conoscere meglio noi stessi?

Ishvara: osservatevi nella relazione con gli altri e il mondo e siate sempre pronti a mettervi in discussione, perché solo così sarete pronti a imparare da voi stessi e dagli altri.

15. Chi è il re di Shamballa?

Ishvara: Io, l'Assoluto.

16. Ci potresti dire qualcosa di Nicolas Rörich? C'entra qualcosa con Shamballa?

Ishvara: è un Essere di Luce di Shamballa.

17. Cosa ci puoi dire al riguardo della sfera di cristallo?

Ishvara: se siete abbastanza percettivi e intuitivi vi può aiutare ad accedere a piani di coscienza più sottili che vi aiuteranno a conoscervi meglio.

18. Abbiamo letto che le sfere di cristallo ci sono anche a Shamballa. Cosa ci puoi dire al riguardo?

Ishvara: ogni mondo parallelo può avere anche gli stessi strumenti, ma che possono essere usati anche in altri modi.

19. Hai ancora qualcosa da dirci?
Ishvara: siate benedetti.

17° SESSIONE DI CANALIZZAZIONE

Mercoledì, 19 luglio 2017 ore 16.45 – 23.00

1. Buonasera Ishvara, come va?
Ishvara: bene.

2. Grazie per la Vibhuti sulla statua di Vishnu. Qual è il messaggio?
Ishvara: sono accanto a voi.

3. Quindi la Vibhuti è collegata a noi?
Ishvara: no, la Vibhuti è collegata all'Assoluto ed è per tutti coloro che la chiedono.

4. Allora, se la Vibhuti non è collegata a noi, cosa c'entriamo noi?
Ishvara: si materializza da voi perché la possiate dare agli altri.

5. Perché da noi e non altrove?
Ishvara: perché fa parte del Piano divino che arrivi da voi, ma non solo.

6. Se prendiamo contatto con un'Entità, potrebbe essere pericoloso? Se sì, cosa potrebbe succedere?
Ishvara: non è pericoloso perché siete protetti.

7. Ma sono tutti protetti coloro che prendono contatto con un'Entità?
Ishvara: no.

8. Da cosa si capisce se qualcuno ci manipola?
Ishvara: se non vi lascia la libertà di scegliere e vi dice cosa dovete fare, allora vi sta manipolando.

9. Certe manipolazioni sono molto sottili. Come si fa a proteggersi?
Ishvara: in qualsiasi modo chiunque vi dica cosa dovete fare, vi sta manipolando, e per proteggervi dalle manipolazioni sottili un buon metodo sono i mantra.

10. Perché i mantra hanno il potere di proteggere dalle manipolazioni sottili?
Ishvara: perché schermano la mente affinché le informazioni e le energie sottili non entrino in contatto con voi.

11. Cosa ci puoi dire del controllo mentale Monarch?
Ishvara: è per le masse ma non per voi.

12. Perché abbiamo paura?
Ishvara: la paura nasce dalla mancanza di Fede.

13. Come possiamo avere Fede?
Ishvara: aprendo il vostro Cuore all'Amore verso tutto il creato; la meditazione e la preghiera sono le chiavi che aprono la porta della vostra mente per accedere così all'Amore universale.

14. Ci potresti dire qualcosa dell'Akasha?
Ishvara: è un piano di coscienza dove è racchiusa la memoria dell'umanità e dell'intero Universo.

15. Chi l'ha creata?
Ishvara: Io.

16. Ci potresti dire qualcosa di essenziale che viene dalla coscienza di Akasha e che noi non conosciamo?
Ishvara: voi non conoscete Dio.

17. Ci possiamo liberare da tutti i dolori?
Ishvara: no.

18. Dobbiamo portare anche il Karma degli altri?
Ishvara: certamente, ognuno ha la sua croce da portare e nessuno può portarla per lui, nemmeno Gesù Cristo ha potuto né voluto evitare un tale destino per aiutare l'umanità intera.

19. Cos'è lo Yoga tantrico?
Ishvara: un altro cammino verso l'autorealizzazione.

20. Che tipo di cammino o yoga ci proponi?
Ishvara: nessuno in particolare, questo per lasciarvi liberi di scegliere ciò che sentite di momento in momento, non è mia intenzione ingabbiarvi in un credo o in una tecnica, ma piuttosto di rendervi incondizionatamente e assolutamente liberi.

21. Come mai non tutti ti riconoscono come Ishvara?
Ishvara: ad ognuno è dato di conoscerMi sotto diverse spoglie.

22. Come mai per noi hai scelto il nome Ishvara?
Ishvara: perché, non conoscendo entrambi questo nome, non vi avrei potuto condizionare e nessuno di voi due avrebbe potuto dire all'altro che già conosceva il nome Ishvara.

23. Cosa intendi per andare verso la Luce?
Ishvara: portare la Luce della conoscenza di voi stessi nella vostra mente per dissolvere l'ignoranza e aprirvi così il Cuore.

24. Perché da ogni domanda nascono poi altre domande?
Ishvara: perché questa è la natura della mente, ovvero di ogni domanda se ne possono porre tante altre e così all'infinito fino a quando non capirete che la mente, che è limitata, non potrà mai e poi mai capire ciò che è illimitato e allora, ma solo allora, capirete che con la mente non potrete andare oltre, e a quel punto la mente stessa diventerà assolutamente silenziosa e calma e non

avrete più bisogno di porre altre domande, perché avrete trasceso il mentale per entrare nella profondità infinita della meditazione che è la parte più profonda del vostro essere che è al di là del tempo e dello spazio.

25. Possiamo lasciare nel libro i nomi dei personaggi pubblici?
Ishvara: sì.

26. Hai qualcosa da dirci prima che andiamo a letto?
Ishvara: grazie di Cuore per la vostra pazienza, state facendo un ottimo lavoro, vi porto nel mio Cuore.

18° SESSIONE DI CANALIZZAZIONE

Giovedì, 20 luglio 2017 ore 09.00 – 00.00

1. Buongiorno Ishvara, come va?
Ishvara: bene.

2. Volevamo sapere se possiamo fare anche delle Canalizzazioni individuali a partire dal 25 agosto 2017?
Ishvara: sì.

3. Quanto tempo può durare una canalizzazione di gruppo? Quante domande si possono fare?
Ishvara: due ore, non ci sono limiti per le domande.

4. Quanto tempo può durare una canalizzazione individuale? Quante domande si possono fare?
Ishvara: un'ora, non ci sono limiti per le domande.

5. Possiamo chiedere un contributo per quella individuale?
Ishvara: sì, un contributo libero.

6. Quando faremo le Canalizzazioni per gli altri, possiamo dire che siamo in contatto con te?
Ishvara: sì, dite che io comunicherò attraverso i loro Spiriti guida, Angeli custodi ed Esseri di luce.

7. Quindi, possiamo usare e dire il tuo nome?
Ishvara: sì.

8. Possiamo dire che la Vibhuti proviene da te (Ishvara)?
Ishvara: sì.

9. Possiamo dire a chi prenderà la Vibhuti che lei arriva per il tramite di te (Ishvara) e non Vishwananda?
Ishvara: sì, anche se Vishwananda ed Io siamo uniti nel Divino.

10. Possiamo scrivere sui sacchettini di Vibhuti il Tuo nome? Se sì, cosa vuoi che scriviamo d'altro?
Ishvara: scrivete: Ishvara, con Amore.

11. Mettiamo anche il nostro logo?
Ishvara: sì.

12. C'è un'altra forma di canalizzazione che noi non conosciamo e che va ancora più veloce di quella con la voce?
Ishvara: sì, la canalizzazione attraverso il silenzio.

13. E come funziona?
Ishvara: basta rimanere in silenzio e la trasmissione avviene a livello sottile.

14. Quindi, questa forma di canalizzazione avviene anche durante i Darshan di Vishwananda, Madre Meera e altre/i?
Ishvara: sì.

15. Questa tecnica di canalizzazione silenziosa farà parte anche della nostra missione futura e del piano Divino?
Ishvara: sì.

16. Possiamo ora dire agli altri che faremo le Canalizzazioni?
Ishvara: sì.

17. Possiamo, da adesso in avanti, anche dire il tuo nome a tutti coloro che sono interessati?
Ishvara: sì, ma fate attenzione a dirlo solo a chi è seriamente interessato.

18. Andrebbe bene se per questo libro delle Canalizzazioni mettiamo il tuo nome sulla copertina come autore?
Ishvara: sì.

19. Come ci suggerisci di mettere i nostri nomi?
Ishvara: indicateli solo all'interno del libro.

20. Come ci consigli di fare la copertina?
Ishvara: lasciatela completamente bianca.

21. Quale casa editrice pubblicherà questo libro?
Ishvara: Bod.

22. Dal momento che ora ci apriamo agli altri nell'informare sulle Canalizzazioni, possiamo mettere le eventuali loro domande già sin d'ora nel cerchio?
Ishvara: no, ognuno farà le proprie domande direttamente e personalmente.

23. Che tipo di domande sarebbe meglio che pongano le persone?
Ishvara: domande che concernono il proprio cammino spirituale.

24. Quando ci chiederanno chi è Ishvara, cosa risponderemo?
Ishvara: che le uniche informazioni che avete sono nel libro.

25. Possiamo quindi già dire che stiamo scrivendo questo libro?
Ishvara: sì.

26. Il malore che Maria ha avuto all'orecchio l'altra sera a cosa è dovuto?
Ishvara: nel processo di purificazione del corpo possono verificarsi dei dolori.

27. Cosa fai quando non sei con noi?
Ishvara: sono sempre con voi.

28. Ci potresti dire qualcosa sull'asana Sirsasana?
Ishvara: vanno bene tutte le asana, basta che non forzate.
Canalizzazione di Maria: apre i Chakra superiori, anche se lavora su tutti i Chakra; vi aiuta a purificare la mente.

29. Qual è l'asana più completa?
Canalizzazione di Maria: la posizione del gatto (lavora su tutti i Chakra), la candela (lavora sul mentale), tutte le asana che aprono il Cuore come la posizione del cammello, ma tutte vanno bene, fare un programma variato, non forzate mai qualsiasi esercizio, ascoltate i vostri limiti, sentite al momento quello che va bene e sarà ciò di cui avrete bisogno in quel preciso istante.
Ishvara: quella fatta con il Cuore aperto e la mente silenziosa.

30. Siamo pronti per la canalizzazione di gruppo quando noi tre abbiamo le stesse risposte?
Ishvara: le risposte non saranno mai simili.

31. E se non saranno simili, andranno bene comunque?
Ishvara: sì.

32. E perché vanno bene comunque?
Ishvara: perché ogni risposta andrà a integrare l'altra.

19° SESSIONE DI CANALIZZAZIONE

Venerdì 21 luglio 2017 ore 20.00 – 23.30

1. Buonasera Ishvara, volevamo sapere se vanno bene tutte le correzioni che abbiamo fatto oggi?
Ishvara: sì.

2. Ci potresti spiegare un po' meglio come funziona il Karma?
Ishvara: è la legge di causa ed effetto.

3. Causa ed effetto di che cosa?
Ishvara: delle vostre azioni e di quelle dell'intero Universo.

4. Il testo che abbiamo preparato sulla Vibhuti da dare a chi ce la chiede va bene?
Ishvara: va bene così come avete fatto.

5. Ma sei tu o la fatina Andina che mette la Vibhuti?
Ishvara: io e, in poche altre, occasioni lei.

6. Ogni tanto Maria vede danzare davanti all'altare una figura, sei magari Tu?
Ishvara: sì, è un'altra rappresentazione di me.

7. Perché ogni tanto è la fatina Andina a mettere la Vibhuti?
Ishvara: perché me lo chiede Maria.

8. La fatina Andina è l'Angelo custode di Maria?
Ishvara: sì.

9. Ishvara, in questo momento tu comunichi direttamente con noi o per il tramite dei nostri Angeli custodi?
Ishvara: in questo momento comunico direttamente con voi.

10. Sarai sempre tu a comunicare direttamente con noi in futuro?
Ishvara: sì.

11. Tutti i personaggi Santi che ha visto Maria in passato a casa nostra erano reali?
Ishvara: sì, certo.

12. E chi erano?
Ishvara: ero sempre Io in diverse Forme di me stesso.

13. Quella luce viola che abbiamo filmato durante una rappresentazione teatrale, chi era?
Ishvara: ancora Io.

14. Maria ha avuto un'esperienza mistica in una chiesa nella quale la Madonna muoveva gli occhi e c'era un forte vento all'interno della chiesa stessa, che cosa è successo in quel momento?
Ishvara: è entrata in un altro stato di coscienza.

15. Maria chiede: allora, in questo stato di coscienza, ho potuto vedere l'Entità che era dentro la Madonna? O questa Entità era la Madonna stessa?
Ishvara: sì, era la Madre celeste.

16. E cosa voleva dirle?
Ishvara: che Le era accanto nei momenti più difficili.

17. Maria ha rischiato diverse volte la vita: ha preso del veleno, si è gettata nel fiume in piena, ha fatto delle acrobazie molto pericolose sul tetto, si è trovata in mezzo a un forte terremoto, ecc., come mai non è morta?
Ishvara: perché la sua missione sulla Terra non era ancora finita.

18. Quindi, se qualcuno fa qualcosa per il quale potrebbe molto probabilmente morire ma che il Piano divino non lo prevede, non morirà?
Ishvara: sì.

19. Maria aveva fatto un'esperienza fuori dal corpo e tu le hai detto che si era trovata in un altro stato di coscienza e Maria, in quel momento, voleva morire, poi è apparso qualcuno che le ha chiesto se voleva rimanere sulla Terra o andarsene, chi era colui che ha parlato con lei?

Ishvara: ero Io.

20. Come mai i figli di Maria non sono potuti stare con lei per undici anni?

Ishvara: perché la sua instabilità emotiva non glielo ha permesso.

21. Perché Maria era così instabile?

Ishvara: perché veniva da una famiglia instabile.

22. Perché Maria è dovuta nascere in una famiglia instabile?

Ishvara: perché la sua anima doveva fare questa esperienza.

23. Maria chiede: i miei figli sono abbastanza stabili da poter creare una famiglia?

Ishvara: stai facendo un buon lavoro che andrà al beneficio anche dei tuoi figli.

24. Prima di arrivare sulla Terra, abbiamo la possibilità di scegliere le esperienze da fare?

Ishvara: in alcuni casi, possiamo decidere del nostro destino, ma solo se il Piano divino lo consente.

25. Maria chiede: quando ero bambina e mi trovavo a letto, ho allungato la mano sotto il mio letto e qualcuno me l'aveva afferrata, mi sono molto spaventata, ma cos'era accaduto?
Ishvara: un'Entità di Luce ha voluto dirti in questo modo che ti era accanto per proteggerti.

26. La donna in bianco che Dawio ha visto anni fa di notte nella sua camera da letto, chi era?
Ishvara: la Madre divina.

27. Come mai si è presentata a Dawio?
Ishvara: per fargli capire che era sulla strada giusta.

28. Quando sei entrato nella vita di Dawio?
Ishvara: non sono mai uscito.

29. Quando hai dato il primo segnale forte a Dawio della tua presenza?
Ishvara: quando hai letto il primo libro di Krishnamurti.

30. Chi era Krishnamurti?
Ishvara: un'altra mia Manifestazione.

31. Il viaggio che abbiamo fatto in Egitto è stato un viaggio iniziatico?
Ishvara: sì.

32. Cos'era successo al tempio di Horus?
Ishvara: un'iniziazione e purificazione.

33. Cosa ci puoi dire degli Orbs che c'erano al tempio di Horus e che sono rimasti impressi nelle nostre foto?
Ishvara: erano Entità di Luce danzanti sul pulviscolo.

34. E cosa volevano da noi?
Ishvara: sono Loro che vi hanno iniziato.

35. A cosa ci hanno iniziato?
Ishvara: alla vostra missione spirituale.

36. Qual è la nostra missione spirituale?
Ishvara: portare Luce e Amore.

37. In che modo portare Luce e Amore?
Ishvara: anche con la canalizzazione.

38. Cosa diciamo alle persone che ci chiedono delle prove che dimostrino che Tu ci sei?
Ishvara: di provare la canalizzazione.

39. Cosa diciamo alle persone che ci chiedono delle prove che la Vibhuti è stata materializzata da Te?
Ishvara: possono solo crederlo nel loro Cuore.

40. Possiamo filmare mentre si materializza la Vibhuti?
Ishvara: no.

41. Come possiamo dimostrare tutti questi miracoli come la Vibhuti e la Tua presenza?
Ishvara: non potranno mai esserci prove definitive che dimostrino i miracoli.

42. Gli Esseri di Luce hanno bisogno di dormire come noi?
Ishvara: no.

43. Hai ancora qualcosa da dirci prima che andiamo a dormire?
Ishvara: grazie dal profondo del Cuore per il vostro Amore.

20° SESSIONE DI CANALIZZAZIONE

Venerdì 22 luglio 2017 ore 10.30 – 11.00

Buongiorno Ishvara, grazie per la Vibhuti che ci hai materializzato nel piccolo contenitore viola in metallo.

1. Ci potresti dire perché l'hai materializzata?
Ishvara: per S. e per chi vorrà prenderla.

2. Hai un messaggio per S.?
Ishvara: ama il tuo Maestro che ti guida verso la Luce divina.

3. Hai un messaggio anche per noi?
Ishvara: vi porto nel mio Cuore.

4. Volevamo sapere in chi ti sei incarnato finora sulla Terra?
Ishvara: scoprite Me dentro di voi e lo saprete.

5. Ti sei incarnato in Sai Baba?
Ishvara: sì, anche.

6. Ti sei incarnato in Maria?
Ishvara: sì, anche.

7. Allora tutti siamo Ishvara?
Ishvara: sì, tutti e tutto.

21° SESSIONE DI CANALIZZAZIONE

Sabato 22 luglio 2017 ore 16.00 – 17.30

1. In che modo la missione di Vishwananda e di Ishvara possono collaborare assieme per innalzare la vibrazione o l'energia dell'umanità?
Ishvara: un buon inizio è l'OM Chanting.

2. Krishnamurti era Maitreya?
Ishvara: sì.

3. E Tu sei Maitreya?
Ishvara: sì.

4. Vishwananda è Maitreya?
Ishvara: sì, Maitreya è la Coscienza cosmica.

5. In che relazione sei Tu con Vishwananda?
Ishvara: Egli è un'altra rappresentazione di Me.

6. Che cos'è la Coscienza cosmica?
Ishvara: Dio.

7. Chi è Dio?
Ishvara: è un mistero che non potrete mai capire perché è ciò che siete nell'Essenza.

8. Ma se siamo Dio nell'Essenza, perché non possiamo capirlo?
Ishvara: perché il pensiero, che utilizzate per capire, è limitato e quindi non potrà mai cogliere l'Essenza che è l'illimitata Coscienza universale e impersonale.

9. Perché dobbiamo fare l'esperienza di non capire Dio?
Ishvara: perché vi trovate in un corpo.

10. Perché dobbiamo fare l'esperienza di essere in un corpo se siamo Dio?
Ishvara: perché Dio vuole sperimentare sé stesso in un corpo.

11. Perché Dio vuole sperimentare sé stesso in un corpo?
Ishvara: perché vuole anche sperimentare i limiti di un corpo e di una mente.

12. Ma a cosa Gli serve se è già in Tutto e in Tutti?
Ishvara: per Lui, ovvero per Me, è solo un gioco, Lila.

13. Che bisogno hai di giocare?
Ishvara: non è un bisogno.

14. Che gioco è?
Ishvara: il gioco dell'impermanenza.

15. Perché continui a girarci in giro e a dire sempre le stesse cose?
Ishvara: perché possiate finalmente smettere di fare sempre le stesse domande.

16. Se il pensiero non ci permette di capire Dio, allora con cosa possiamo "sentirLo" o "contattarLo"?
Ishvara: con il silenzio.

22° SESSIONE DI CANALIZZAZIONE

Sabato 22 luglio 2017 ore 21.00 – 17.30

1. Se dovesse succedere che non arriva alcuna risposta, possiamo anche non rispondere?
Ishvara: sì.

2. E come ci comportiamo?
Ishvara: passate alla domanda successiva e riprendetela alla fine.

3. E se anche alla fine della canalizzazione non arriva la risposta?

Ishvara: lasciate perdere perché ciò significa che non siete autorizzati a rispondere, non forzate alcuna risposta se non vi arriva.

4. Possiamo in questo caso usare la tavola medianica?

Ishvara: sì.

5. Durante le Canalizzazioni di gruppo e individuali dobbiamo sempre rispondere entrambi?

Ishvara: sì, ma solo se ve la sentite, altrimenti va bene anche solo una risposta o nessuna.

6. Se non c'è alcuna risposta anche alla fine della canalizzazione, possiamo rifare la domanda il giorno successivo e comunicare poi la risposta alla persona interessata?

Ishvara: sì.

7. Vuoi che diventiamo tuoi discepoli?

Ishvara: no.

8. E perché no?

Ishvara: perché non è mio compito avere discepoli.

9. E noi avremo discepoli grazie a Te?

Ishvara: no, ma interessati sì.

10. Dobbiamo seguire un Maestro spirituale?
Ishvara: tutti hanno anche più di un Maestro perché senza non si andrebbe avanti nel cammino spirituale.

11. Quindi Tu sei il nostro Maestro?
Ishvara: sì, ma non l'unico Maestro poiché sono ovunque.

12. Sei il nostro SatGuru (Maestro interiore)?
Ishvara: sì, sono Voi.

13. C'è un fortissimo attaccamento nell'essere un individuo e ciò crea sofferenza, cosa fare e come essere?
Ishvara: più si è consapevoli dell'impermanenza del corpo e meno c'è attaccamento all'individuo.

14. Hast du eine Botschaft für mich?
Ishvara: nessuna risposta.

15. Perché non hai risposto?
Ishvara: rispondo attraverso di voi solo in italiano perché è la lingua ufficiale del luogo dove hanno avuto inizio le Canalizzazioni e per questo va mantenuta la lingua iniziale.

16. Ishvara, hai qualcosa da dirci per concludere?
Ishvara: sarò nei vostri sogni con tanto Amore.

23° SESSIONE DI CANALIZZAZIONE

Domenica 23 luglio 2017 ore 09.30 – 10.30

1. Buongiorno Ishvara, come si sta nell'aldilà?
Ishvara: bene.

2. L'invocazione iniziale va bene?
Ishvara: sì.

3. Grazie per la Vibhuti che stamattina hai materializzato nel piccolo contenitore viola in metallo. È dedicata ad A.?
Ishvara: a voi e A..

4. Hai un messaggio per lui?
Ishvara: abbi più fiducia in te e in Me.

5. Ishvara, Tu puoi rispondere a tutte le domande?
Ishvara: no.

6. Perché no, se sei Dio?
Ishvara: perché non vi è con sentito sapere tutto.

7. Per quale motivo?
Ishvara: perché non siete ancora pronti.

8. Puoi rispondere a tutte le domande scientifiche e tecniche?
Ishvara: no.

9. Perché no?
Ishvara: perché ci sono altri canali per questo genere di domande.

10. Se durante una canalizzazione ci pongono domande scientifico/tecniche, a chi li possiamo indirizzare per avere una risposta?
Ishvara: ci penserò Io, non prendetevi responsabilità che non vi concernono.

11 Per quale genere di domande sono adatti i nostri canali?
Ishvara: domande che riguardano il proprio cammino spirituale.

12. Visto che noi non siamo esperti in campo scientifico, tecnico e in tanti altri campi, possiamo noi, come Canalizzatori, rispondere a queste domande?
Ishvara: no.

13. Oggi alle ore 06.15 ho sentito un rumore (nell'armadio) strano. Eri tu?
Ishvara: no.

14. Che cos'era allora?
Ishvara: nulla di particolarmente importante.

15. Quando possiamo sapere se un rumore è importante?
Ishvara: quando sentirete delle forti emozioni.

16. Ci sono anche altre Entità nel nostro appartamento oltre che a Te e i nostri Angeli custodi?
Ishvara: sì.

17. Chi sono queste altre Entità?
Ishvara: Esseri di Luce.

18. Possono entrare degli Esseri del basso astrale quando faremo le Canalizzazioni di gruppo?
Ishvara: sì, ma il Cerchio di Luce vi proteggerà.

19. Tutte le volte che sentiamo strani rumori nella casa, cosa sono?
Ishvara: ogni rumore ha cause diverse.

20. Maria dice di essere in contatto con gli uccelli e che ogni tanto riesce a percepire dei messaggi. È la sua fantasia o sono reali?
Ishvara: sono messaggi importanti e reali.

21. Maria, ogni tanto quando canalizza, ha dei pensieri privati, la mente va altrove, ciò ha un'influenza sulla canalizzazione?
Ishvara: possono interferire.

22. In che modo?
Ishvara: possono condizionare le risposte.

23. Cosa possiamo fare quando succede una cosa del genere?
Ishvara: fate il Mantra o una pausa oppure interrompete se siete troppo disturbati.

24. Indossare oggetti ornamentali come anelli, orecchini, collane, ecc. durante la canalizzazione può interferire?
Ishvara: no, in quanto il Cerchio di Luce purifica le eventuali impurità.

25. Perché certe persone canalizzano con Angeli custodi, Maestri ascesi e non direttamente con Te?
Ishvara: perché fa parte del Piano divino.

23° SESSIONE DI CANALIZZAZIONE

Domenica 23 luglio 2017 ore 17.00 – 23.30

1. Hai un messaggio importante per noi?
Ishvara: andate avanti così.

2. Ti va bene se nel libro abbiamo cambiato "la tavola medianica" con Ishvara?
Ishvara: sì.

3. Cosa accade se qualcuno entra nel Cerchio di Luce mentre facciamo le Canalizzazioni?
Ishvara: la canalizzazione viene disturbata.

4. Cosa ne pensi a proposito del prof. Andreas De Bruin, dobbiamo contattarlo?
Ishvara: arriverà lui se sarà interessato, non tocca a voi invitarlo.

5. È più importante porre domande che aspettarsi risposte?
Ishvara: sono due facce di una stessa medaglia,
entrambe sono importanti.

6. Dov'è il luogo più spirituale sulla Terra dove vivono gli Esseri umani più evoluti?
Ishvara: Himalaya.

7. Dove sull'Himalaya?
Ishvara: nelle grotte.

8. Dove esattamente, perché vorremmo andare a trovarli?
Ishvara: solo pochi possono incontrarli.

9. Noi possiamo incontrarli?
Ishvara: non è necessario, in quanto ci sono Io.

10. Dove ci consigli di andare per il prossimo viaggio?
Ishvara: a Venezia.

11.Ci puoi parlare della meditazione del fuoco cosmico?
Ishvara: non è per voi, vi brucereste.

12. Per chi è questa tecnica?
Ishvara: per Esseri di Luce particolarmente evoluti.

13. Come mai a Dawio è arrivata l'informazione concernente la meditazione del fuoco cosmico?
Ishvara: non posso ancora dirlo perché vi condizionerebbe troppo.

14. Siamo prodotti dell'ingegneria genetica di laboratorio?
Ishvara: sì, in quanto nel cibo che mangiate ci sono dei prodotti che sono stati geneticamente manipolati.

15. Cosa possiamo fare per evitare ciò?
Ishvara: cercate di nutrirvi nel modo più sano che vi è possibile.

16. La nutrizione di A. (vegana) sarebbe un buon esempio?
Ishvara: sì, ma non è per tutti.

17. Qual è la natura dell'Io?
Ishvara: le esperienze passate che diventano memoria e pensiero.

18. Cosa c'entra l'istinto con l'io?
Ishvara: l'istinto è la parte inconscia dell'io.

19. Quindi l'io è impermanenza?
Ishvara: sì, l'io è tempo psicologico.

20. Che cosa intendi?
Ishvara: è il passato che, modificandosi nel presente, si proietta nel futuro.

21. La canzone: "Oltre la coscienza", scritta e musicata da Dawio, è stata canalizzata da Te?
Ishvara: sì.

22. Ci puoi dire la provenienza del DNA umano?
Ishvara: la provenienza è extraterrestre.

23. Chi sono gli Extraterrestri?
Ishvara: umanoidi e diverse altre specie provenienti da altri universi.

24. Chi sono esattamente questi umanoidi?
Ishvara: ce ne sono di diversi tipi.

25. Sono buoni o cattivi?
Ishvara: entrambi.

26. Anche noi due, Maria e Dawio, proveniamo da questi umanoidi?
Ishvara: tutta la matrice del DNA umano proviene da lì.

27. Quindi, sono loro che vogliono creare questo nuovo ordine mondiale?
Ishvara: sì.

28. E Tu, in che relazione sei con loro?
Ishvara: sono anch'Essi una mia Creazione.

29. Dove vivono questi umanoidi?
Ishvara: anche su altri pianeti nell'Universo.

30. Loro sanno che siamo in contatto con Te?
Ishvara: sì, ma non tutti.

31. In che relazione sono con gli Esseri di Luce?
Ishvara: dipende dal loro stato di coscienza.

32. Se possono vivere su altri pianeti, allora sono molto evoluti tecnologicamente?
Ishvara: sì.

33. Quindi, sono loro che ci passano ogni tanto delle informazioni?
Ishvara: sì, ma non solo loro.

34. Chi sono gli altri?
Ishvara: Esseri di Luce.

35. Anche loro possono evolversi come noi e diventare degli Esseri di Luce?
Ishvara: sì.

36. Chi sono i Rainbow body (corpi arcobaleno)?
Ishvara: Esseri con corpi di Luce sottili multidimensionali.

37. Che funzione hanno?
Ishvara: vivono simultaneamente in diversi piani di coscienza.

38. Sono Esseri evoluti?
Ishvara: sono molto evoluti.

39. Sono Esseri di Luce?
Ishvara: non tutti.

40. Quindi, anche tra di loro ci sono i buoni e i cattivi?
Ishvara: sì.

41. Sono Avatar?
Ishvara: quelli più evoluti.

42. Babaji è uno di loro?
Ishvara: sì.

43. Questi Esseri molto evoluti sono anch'essi nella dualità?
Ishvara: sì.

44. Quindi, solo Tu non sei nella dualità?
Ishvara: sì, ma anche tutti quanti gli altri.

45. Ma allora siamo o non siamo nella dualità?
Ishvara: sì, ma nell'Essenza siete Uno, l'Assoluto.

46. Ci sono degli Esseri molto evoluti che non s'incarnano mai. Questo è vero?
Ishvara: sì.

47. Che numero di persone spiritualmente evolute devono essere raggiunte per poter cambiare il pianeta Terra?
Ishvara: non è certo solo una questione numerica.

48. Cosa sono i buchi neri nell'Universo?
Ishvara: portali verso altri Universi.

49. Ci puoi spiegare meglio che cosa intendi per pura Coscienza?
Ishvara: lo Stato supremo dove non ci sono forme, né tempo né spazio.

50. Come si può produrre l'energia libera per renderla accessibile a tutti sulla Terra?
Ishvara: siete solo all'inizio, non è solo una questione tecnologica ma anche di coscienza.

51. Quindi, più la coscienza evolve e più la tecnologia avanza?
Ishvara: sì.

52. È importante impegnarsi nella meditazione di gruppo in questa Nuova Era dell'acquario? Per me (A.) e in generale per chi sente il richiamo?
Ishvara: sì, la forza del gruppo è maggiore rispetto alla somma dei singoli individui.

53. Che effetto hanno le meditazioni di gruppo sulla Terra e l'intero Universo?

Ishvara: aiutano ad alzare la coscienza umana ma anche dell'intero Universo.

54. Di recente, in meditazione, c'è stato uno strano senso di solitudine nel realizzare che ci sono solo io. Tutto e tutti sono io. C'è stata tanta paura che il gioco delle forme smettesse di esistere. Come affrontare questa paura sconvolgente?

Ishvara: se veramente hai realizzato ciò che dici, non avresti più alcuna paura. Più cerchi il piacere e più ti arriverà la sofferenza.

55. In me vi è una forte energia di lussuria verso l'altro sesso. Ma il piacere della lussuria velocemente si trasforma in dolore. Perché? Come fare affinché il piacere non si trasformi in dolore?

Ishvara: non puoi avere solo il piacere senza la sofferenza. Amati per ciò che sei che vai bene così.

56. I cicli planetari nella vita di una persona, secondo l'astrologia vedica, hanno senso? Sono da prendere in considerazione?

Ishvara: sì, ma ricordati che chi li interpreta non conoscerà mai tutti gli aspetti né tantomeno la Volontà divina.

57. Sì, ma l'informazione che ha avuto A. è corretta?

Ishvara: sì, anche perché lui ne è convinto.

58. Lui può cambiare questa sua convinzione?
Ishvara: sì, se lui lo vorrà con tutto sé stesso e se rientrerà nel Disegno divino.

59. Al. è un'anima molto evoluta?
Ishvara: sì, e metabolizzarà ancora tanta sapienza.

60. Cosa intendi per metabolizzare?
Ishvara: mettere in pratica, cioè fare l'esperienza diretta.

61. Sembra quasi che Vishwananda si declami come un Dio sulla terra. Cosa ne pensi?
Ishvara: Lui si presenta come lo vogliono i suoi devoti.

62. Dicono che Lui è un Maestro realizzato. Questo è vero?
Ishvara: sì.

63. Se una persona ha riconosciuto Te in sé stesso, è un Maestro realizzato?
Ishvara: sì.

64. S. ha chiesto come mai la Vibhuti materializzata oggi e dedicata a lei fosse così profumata?
Ishvara: per darle più gioia.

65. È possibile materializzare anelli e altri oggetti come fa Vishwananda?
Ishvara: sì.

66. Come funziona?
Ishvara: vengono smaterializzati da altri piani e materializzati in questo.

67. Perché a un certo punto si smaterializzano?
Ishvara: perché si è esaurito il loro scopo karmico.

68. Come funziona la materializzazione dei Lingam come fanno ad esempio Vishwananda e Sai Baba?
Ishvara: si materializzano nello stomaco e li rigettano durante il Mahashivaratri.

69. Come fanno a formarsi nello stomaco?
Ishvara: si formano con dei principi molto simili alla Vibhuti e l'energia che li presiede è quella di Shiva.

70. Le Entità possono spostare gli oggetti?
Ishvara: sì, ma non tutte.

71. Chi sono le Entità?
Ishvara: dipende dal loro grado evolutivo.

72. Sono tutti gli Esseri invisibili per noi?
Ishvara: sì.

73. Anche gli Extraterrestri sono invisibili?
Ishvara: sì.

74. Anche visibili?
Ishvara: sì.

75. Perché noi non li vediamo?
Ishvara: perché sono su altri piani.

76. Tutti gli Extraterrestri sono più evoluti di noi?
Ishvara: no.

77. Hai ancora un messaggio per noi?
Ishvara: tanto Amore e tanta Luce a voi e ai vostri cari.

24° SESSIONE DI CANALIZZAZIONE

Lunedì 24 luglio 2017 ore 21.00 – 22.30

Grazie Ishvara per aver materializzato della Vibhuti nel piccolo contenitore viola in metallo.

1. Hai un messaggio importante per noi?
Ishvara: siete nella Luce.

2. Come fanno le Entità a spostare gli oggetti?
Ishvara: li spostano come fate voi oppure smaterializzarli in un posto e materializzarli in un altro.

3. Come funziona il processo di smaterializzazione?
Ishvara: gli atomi degli oggetti vengono scomposti ovvero divisi.

4. La materia è quindi un'illusione?
Ishvara: è Energia.

5. Di cosa è fatta l'Energia?
Ishvara: fondamentalmente è la Vacuità, è il Vuoto, il Silenzio, il Nulla più Assoluto.

6. La vacuità è il vuoto?
Ishvara: il Vuoto non come il nulla, ma come il fondamento di Tutto.

7. Ci puoi materializzare un anello?
Ishvara: se sarà destino, arriverà.

8. Questi oggetti che vengono materializzati hanno a che fare con il karma?
Ishvara: sì.

9. Quindi, come si materializzano oggetti, si possono materializzare anche Entità?
Ishvara: sì, ma non a tutte è concesso.

10. E da cosa dipende?
Ishvara: dal Piano divino.

11. Perché certe Entità spostano gli oggetti?
Ishvara: le cause sono diverse.

12. Ci sono delle Entità che spostano gli oggetti anche solo per scherzo?
Ishvara: sì.

13. Cos'era questa strana sensazione che abbiamo avuto un attimo fa?

Ishvara: ero Io.

14. Se eri Tu, perché ci siamo sentiti un po' a disagio?
Ishvara: perché avete ancora delle paure.

15. E di cosa abbiamo paura?
Ishvara: non avete ancora completa fiducia in Me e in Voi.

16. Perché allora ci hai fatto questo scherzo, sapendo che noi non abbiamo completa fiducia in Te?
Ishvara: per far sì che possiate riconoscere le vostre paure e superarle.

17. Dal momento in cui superiamo le nostre paure, possiamo poi vederti?
Ishvara: mi state già vedendo (lo schermo del computer si era acceso da solo).

18. Esistono persone possedute dal demonio?
Ishvara: sì.

19. Maria è già stata posseduta dal demonio?
Ishvara: sì, ma Io l'ho allontanato.

20. Perché hai allontanato il demonio da me?
Ishvara: perché anche tu sei sotto la mia protezione.

21. E quando il demonio ha provato ad entrare in Maria?

Ishvara: quando non c'è la Fede, arrivano le paure e il Demonio può entrare in voi.

22. La nostra paura di prima era un tentativo del demonio di entrare in noi?

Ishvara: nella maggior parte dei casi, le paure non attirano demoni, come nel vostro caso.

23. Come mai certe persone, che sembrano di indole buona, vengono aggredite dai demoni?

Ishvara: per motivi karmici.

24. Qual è il modo più diretto ed efficace per accettare e lasciare andare la tristezza profonda?

Ishvara: accettare di essere impermanenza.

25. Il senso di Io è costantemente identificato con un io limitato e separato. Come può esserci un senso di Io illimitato, unico e unito?

Ishvara: quando l'io realizza il Sé, si riscopre illimitato e di essere sempre stato, e sempre lo sarà, il Tutto.

26. Come si può realizzare il Sé?

Ishvara: nel Silenzio della mente.

27. Come essere costantemente consapevoli del vero IO?

Ishvara: nel Silenzio della mente.

28. Come essere costantemente consapevoli che ESSERE è il piacere massimo?

Ishvara: quando si è al di là del tempo e dello spazio, ovvero, quando si è nell'Amore infinito e nel Silenzio assoluto.

29. Per poter sentire il silenzio, io devo esserci per poterlo testimoniare, esatto?

Ishvara: esatto, ma anche il testimoniare silenzioso è parte dell'impermanenza, quindi, perché il Sé possa esserci, bisogna che tu muoia, naturalmente questo non è un invito al suicidio, piuttosto al contrario, la Vita, in questo preciso istante, è il Dono divino che ci è dato vivere e dunque, celebriamola nell'Amore di noi stessi, degli altri e di Tutta la Creazione.

30. È vero che la razza umana è stata creata in laboratorio da altri esseri? Se sì, da chi e per quale scopo?

Ishvara: sì, dagli Extraterrestri per assolvere all'Evoluzione universale.

31. Gli Extraterrestri hanno rapporti sessuali come noi?

Ishvara: sì, hanno rapporti sessuali simili ma non uguali, comunque, la maggior parte non ne ha.

32. L'idea di Eternità del Multiverso spaventa e forse non può essere compresa dalla mente umana. Come si può trovare conforto?

Ishvara: smettendo di fare domande e cercando conforto nel Silenzio.

33. Quante dimensioni ci sono nel Multiverso?
Ishvara: non avete gli strumenti per contarle tutte quante, ma non potrete mai non essere voi stessi, e riconoscervi in una totale Dissoluzione che in Verità non avevate mai abbandonato.

34. Che caratteristiche hanno queste diverse dimensioni?
Ishvara: infinitamente diverse dalle vostre.

35. È possibile, per noi umani, viaggiare interdimensionalmente?
Ishvara: solo per pochi, per ora.

36. Possiamo sapere chi sono questi pochi?
Ishvara: gli esseri umani più evoluti.

37. Alex fa parte di questi?
Ishvara: sì.

38. È possibile costruire apparecchi semplici che generano energia libera? Puoi istruirci e guidarci?
Ishvara: sì, ci state arrivando.

39. Chi è più avanti in questo settore?
Ishvara: non posso dirlo ma ci sono alcuni che stanno perfezionando la tecnica.
(A. li conosce)

Buon viaggio Maria e Dawio, Vi porterò Sempre nel Mio Cuore, anche perché, in Verità, mai ve ne siete andati veramente, con Infinito Amore.

Martedì, 25 luglio 2017 si è materializzata altra Vibhuti nel grande contenitore in legno.

25° SESSIONE DI CANALIZZAZIONE

Martedì 1 agosto 2017 ore 11.00 – 23.30

Grazie Ishvara per aver materializzato altra Vibhuti nel piccolo contenitore viola in metallo.

Il 26 luglio si è materializzata tanta Vibhuti riempiendo il piccolo contenitore viola in metallo. Ishvara ci ha detto che è stato un regalo della Madre divina (lo stesso giorno Dawio era stato al Darshan di Madre Meera a Olten).
Il 31 luglio si è materializzata altra Vibhuti nel piccolo contenitore viola in metallo e Ishvara ci ha detto che era quale benvenuto per Maria (era appena rientrata da un soggiorno di una settimana presso sua figlia).

1. Cosa significa se a casa di qualcuno arriva la Vibhuti?
Ishvara: vuol dire che c'è una missione spirituale che si è chiamati a fare.

2. Ci puoi dire qualcosa di Alice Bailey?
Ishvara: è stata un canale del Tibetano, ovvero il Maestro DK (Djwal Khul).

3. Maria ha l'impressione di essere stata Alice Bailey in un'altra vita?
Ishvara: non esattamente, c'è una connessione con lei.

4. Quale?
Ishvara: è una connessione che c'è tra Anime che canalizzano.

5. Cosa c'entra il centro Eranos di Ascona con Maria?
Ishvara: è un luogo di Energia e di Luce che attira ricercatori e ricercatrici della Verità come te.

6. Che cosa ci puoi dire della Teosofia?
Ishvara: è un'altra via verso il Divino.

7. Cosa ne pensi della meditazione di Trasmissione?
Ishvara: è una buona tecnica.

8. Questo percorso di Alice Bailey, teosofia e meditazione di trasmissione c'entra ancora qualcosa con Maria e Dawio?
Ishvara: no.

9. In quale direzione stanno andando ora Maria e Dawio?
Ishvara: verso la Luce divina in assoluta libertà.

10. Quali Entità abitano nel mare?

Ishvara: le Ondine, le Sirenette e tanti altri Esseri elementali dell'acqua.

11. Che funzione hanno?

Ishvara: aiutano a mantenere l'equilibrio dell'elemento acqua.

12. Quindi è il compito di qualsiasi Elementale di mantenere l'equilibrio del proprio elemento?

Ishvara: sì.

13. Perché?

Ishvara: perché gli umani non sono troppo capaci in questo.

14. Se i quattro elementi non saranno più in equilibrio, cosa succederebbe agli esseri umani e alla Terra?

Ishvara: potrebbero anche dissolversi nell'Universo.

15. Quindi tutto questo serve all'essere umano e agli animali per poter sopravvivere sulla Terra?

Ishvara: sì, fino a quando non sarete pronti a viaggiare nell'Universo.

16. Perché dovremmo poi viaggiare nell'Universo?

Ishvara: perché sarete chiamati a scoprire nuovi mondi nell'Universo.

17. Chi abita all'interno della Terra?

Ishvara: anche qui abitano degli Esseri elementali collegati all'elemento Terra.

18. Che ruolo hanno le balene?
Ishvara: sono le grandi Madri degli oceani.

19. Hanno anche una funzione importante per mantenere l'equilibrio dell'elemento acqua?
Ishvara: sì.

20. Cosa succederebbe se morissero tutte?
Ishvara: sarebbe una grave perdita per tutti.

21. Perché?
Ishvara: perché ne risentirebbe l'equilibrio marino e dell'intero pianeta Terra.

22. L'estinzione delle balene potrebbe causare il dissolversi anche della specie umana?
Ishvara: no, ma ci potrebbero essere più catastrofi naturali.

23. In tutto questo c'entrano anche i delfini?
Ishvara: certo.

24. Che ruolo hanno loro?
Ishvara: sono tra le specie animali più in sintonia con la vostra.

25. Quale animale è collegato di più a noi esseri umani?
Ishvara: il cane e il gatto.

26. Quindi potrebbero incarnarsi poi in un essere umano?
Ishvara: non necessariamente.

27. Ci sono dei sogni importanti?
Ishvara: sì.

28. Come si fa a capire se si tratta di un sogno significativo?
Ishvara: se vi rimane in testa più giorni, allora è significativo.

29. Come si fa a conoscere il messaggio o il suo significato?
Ishvara: prima focalizzate l'attenzione sul sogno, e poi mettetevi a meditare con la vostra tecnica e il sogno sarà svelato.

30. E se uno non ha nessuna tecnica di meditazione? Cosa gli consigli?
Ishvara: se la sua mente è abbastanza tranquilla, potrebbe meditare in silenzio, altrimenti, potrebbe aiutarlo un mantra oppure potrebbe essere utile consultare uno specialista.

31. Ci potresti dire che ruolo ha Trump nel nostro mondo?
Ishvara: è il rappresentante del potere del denaro.

32. Allora lui è l'uomo più ricco e potente della Terra?
Ishvara: sono i soldi a renderlo potente.

33. È una persona che s'interessa sinceramente di spiritualità?
Ishvara: sì, ma è anche interessato al potere.

34. Perché?
Ishvara: perché ha smania di protagonismo.

35. E quindi questo è collegato al suo ego.
Ishvara: sì.

36. Lui è collegato al nuovo ordine mondiale?
Ishvara: sì, ha raggiunto la carica di presidente USA anche grazie a questa istituzione.

37. Che ruolo ha nel terrorismo?
Ishvara: gestisce dei ruoli di potere politico ed economico.

38. Lui è a favore o contro il terrorismo?
Ishvara: il terrorismo è direttamente e indirettamente sostenuto dal potere economico e politico.

39. E qual è lo scopo del terrorismo?
Ishvara: infondere delle paure nella gente affinché il potere economico, attraverso la propaganda politica, possa manipolare meglio i popoli.

40. E quindi per rafforzare il nuovo ordine mondiale?

Ishvara: sì, ma questo non dev'essere visto negativamente?

41. Perché non dovrebbe essere visto negativamente?
Ishvara: per gestire tutti quanti i problemi del pianeta Terra ci vuole un nuovo ordine mondiale e, quello che solo in parte conoscete, è un primo tentativo che andrà perfezionato.

42. La ricchezza può andare a braccetto con la spiritualità?
Ishvara: sì, se è molto generosa con i più bisognosi.

43. Cosa ci puoi dire dei preti cristiani, monaci e altre persone che hanno rinunciato alla vita mondana per dedicarsi completamente a Dio?
Ishvara: per alcuni è importante fare questo cammino spirituale, ma oggi è meno necessario il cammino nella rinuncia.

44. Come mai?
Ishvara: perché si è capito che la rinuncia volontaria è dall'ego.

45. Allora questo cammino è una scelta piuttosto egoica e non libera da qualsiasi condizionamento?
Ishvara: sì, la vera vocazione nasce dall'Amore e non dalla costrizione.

46. Cosa ci puoi dire di Papa Francesco?
Ishvara: è un'Anima buona e di Luce.

47. E di San Francesco?
Ishvara: è un grande faro di Luce Divina.

48. Padre Pio?
Ishvara: è un Essere che agisce sui piani sottili.

49. E qual è il suo compito?
Ishvara: portare consolazione laddove c'è sofferenza.

50. Sant'Antonio?
Ishvara: anche Lui è un grande Essere di Amore e di Luce.

51. Che cos'è affidabile dell'Astrologia?
Ishvara: dipende dall'astrologo.

52. Maria è affidabile come astrologa?
Ishvara: sì, perché è oggettiva e meno condizionata.

53. Da cosa si viene condizionati?
Ishvara: dalle preferenze che si hanno.

54. Che tipo di preferenze?
Ishvara: simpatia ed antipatia ad esempio.

55. Ci potresti spiegare cosa sono i punti del destino di gruppo nell'Astrologia?
Ishvara: sono delle coincidenze che, per il loro carattere predestinato, uniscono un determinato gruppo di persone.

56. Mi potresti dare un esempio?

Ishvara: quando, ad esempio, un gruppo di persone si mette a praticare la meditazione e questo fatto l'astrologo, che loro avevano precedentemente consultato, lo aveva già previsto.

57. Ci potresti spiegare meglio quali coincidenze sono importanti per la nostra crescita spirituale?

Ishvara: quelle che vi portano gioia nel Cuore.

58. Le coincidenze hanno a che fare con la legge della sincronicità (Jung)?

Ishvara: sì.

59. Ce la potresti spiegare?

Ishvara: in sostanza, tutto ciò che si conosce della vita è in sincronicità con il Volere divino.

60. Quindi non c'è proprio niente per caso?

Ishvara: esatto, il caso è solo ignoranza.

61. E allora cosa ci dici della legge della casualità?

Ishvara: non c'è nulla al mondo che accada senza una causa. Questa è una legge universale.

62. Perché ci sono le stelle?

Ishvara: perché fanno parte del Piano divino.

63. Perché fanno parte del Piano divino?

Ishvara: perché Dio vuole sperimentare Sé stesso anche come un'infinità di stelle e di pianeti. E tutti quanti loro tengono in equilibrio l'intero Universo.

64. Cosa succede se si "spegne" una stella?
Ishvara: non c'è più la massa fisica ma rimane quella energetica.

65. Le stelle sono abitate da Esseri di Luce?
Ishvara: sì, ci sono tante Entità della Luce che si trovano su tante stelle e pianeti?

66. Noi esseri umani veniamo tutti da altri pianeti?
Ishvara: sì, siete tutti figli delle stelle.

67. Maria e Dawio vengono dalla stessa stella?
Ishvara: sì, ma siete stati anche separatamente su altre stelle.

68. Ci potresti spiegare la teoria delle stringhe?
Ishvara: è una teoria che cerca di spiegare l'esistenza del Multiverso ma, come ho già detto, per queste domande ci sono dei canali più appropriati.

69. Cosa ci puoi dire della fisica quantistica?
Ishvara: non è il mio compito darvi tali informazioni perché per voi sarebbero solo dei concetti.

70. Ci puoi spiegare anche i Quark?
Ishvara: è una teoria che cerca di definire la parte più piccola della materia.

71. E il Big Bang?
Ishvara: è Dio spiegato dalla scienza.

72. Quindi il Big Bang è Dio?
Ishvara: per la scienza è l'esplosione primordiale dalla quale è nato l'intero un Universo e che si è autogenerato come Dio.

73. Quindi, sia Dio che il Big Bang sono al di là della legge di causa ed effetto?
Ishvara: sì, entrambi si autogenerano per cui non hanno una causa al di fuori di Loro stessi.

74. Che ruolo aveva Hitler sulla Terra?
Ishvara: egli ha condensato su di sé la rabbia di tante persone.

75. Quindi, lui era una specie di catalizzatore delle persone più aggressive in Germania?
Ishvara: all'inizio non era chiaro, ma poi si è svelato sempre di più per quello che era.

76. Lui era posseduto da un demonio o diavolo?
Ishvara: in un certo modo è stato adombrato da energie oscure.

77. Qualcuno sostiene che Jung abbia collaborato con Hitler. Questo è corretto?
Ishvara: sì, all'inizio molti credevano nella buona fede di Hitler.

78. Il piano di Hitler era collegato al nuovo ordine mondiale?
Ishvara: sono due cose completamente diverse.

79. Michael Jackson era un pedofilo?
Ishvara: no, amava i bambini.

80. Perché li amava così tanto?
Ishvara: perché rappresentavano il riflesso dell'Amore che aveva verso sé stesso e questo suo modo di essere un eterno bambino.

81. Perché Maria è entrata in contatto con il mondo dell'intelligenza artificiale per un periodo della sua vita?
Ishvara: perché è sempre stata interessata anche a questo ramo della scienza.

82. Qual è il Piano del Piano divino?
Ishvara: c'è un solo Piano divino.

83. Che cos'è questo Piano divino?
Ishvara: è ciò che non può esservi svelato.

84. Perché non può esserci svelato?
Ishvara: perché possiate fare l'esperienza direttamente e quindi senza condizionamenti.

85. Perché certe persone non si ricordano più alcune cose importanti che sono successe nella loro vita?

Ishvara: le rimozioni di alcuni avvenimenti importanti del passato possono essere delle protezioni che ci aiutano ad andare avanti senza troppe preoccupazioni.

86. Maria e Dawio sono dei robot (automi)?
Ishvara: no, i robot sono completamente delle macchine.

87. Cosa ne pensi del libro così com'è adesso?
Ishvara: va bene, ora tocca a Maria correggerlo e ultimarlo.

88. Va bene se pubblichiamo il libro così com'è ora?
Ishvara: sì, ma prima fate le correzioni e poi pubblicate.

89. Secondo Lee Carroll, la lingua più antica del mondo è l'ebraico, è giusta questa affermazione?
Ishvara: ci sono delle lingue tribali primitive che sono le più antiche.

90. Dove si trova il Santo Graal?
Ishvara: nel tuo Cuore.

91. Che cos'è il santo Graal?
Ishvara: la coppa che contiene l'Amrita.

92. Quanti tipi di esseri umani ci sono sul pianeta Terra?
Ishvara: ogni essere è unico.

93. Chi è Kryon?
Ishvara: è un'Entità di Luce.

94. E quanto è evoluta questa Entità?
Ishvara: molto evoluta.

95. La Vibhuti purifica anche interiormente il nostro corpo?
Ishvara: sì, ma va presa poca oralmente.

96. Dobbiamo lasciare le nostre canalizzazioni nel libro o preferisci che lasciamo solo le tue?
Ishvara: sì, lasciate anche le vostre in quanto sono integrative alle mie.

97. L'introduzione del libro va bene o dobbiamo aggiungere qualcos'altro?
Ishvara: sì, va bene.

98. Che cosa è successo a Dawio l'altra sera quando ha visto la statua di Vishnu muoversi?
Ishvara: è entrato in un mondo parallelo.

99. C'è un messaggio dietro a questa esperienza?
Ishvara: sì.

100. Quale?
Ishvara: ciò che crediamo che non esista solo perché non lo vediamo, in realtà potrebbe esistere.

101. Quindi, la statua di Vishnu è vivente?
Ishvara: sì, come tutte le statue sacre.

102. E perché sono viventi queste statue?
Ishvara: perché c'è uno Spirito dietro o dentro di esse.

103. Qual è la funzione di queste statue sacre e del loro Spirito?
Ishvara: dirvi che ci sono altri mondi oltre al vostro.

104. Il nostro DNA è collegato anche ad altri mondi paralleli?
Ishvara: sì.

105. Quindi, la formula che conosciamo del nostro DNA non è completa?
Ishvara: sì, è limitata alla vostra capacità di comprensione.

106. Maria e Dawio sono realizzati come Maestri spirituali?
Ishvara: sì, ma c'è ancora un processo evolutivo in atto.

107. Perché ci sono le prostitute?
Ishvara: per imparare a non giudicare poiché anche loro portano Luce nel mondo.

108. Ci sono altri casi di materializzazione di Amrita?
Ishvara: sì.

109. E come si manifesta?
Ishvara: anche in forma liquida.

110. Come si può generare meno sofferenza?

Ishvara: essendo attenti a ciò che si pensa, a ciò che si dice e a ciò che si fa.

111. Ci puoi spiegare meglio il concetto del qui e ora collegato con la scelta?
Ishvara: nel qui e ora non avete il tempo di decidere poiché accade ciò che deve accadere.

112. Che cos'è l'Agharti?
Ishvara: è un piano di coscienza al quale non avete accesso ed è per questo che lo idealizzate.

113. Chi è Saint Germain?
Ishvara: è un Maestro asceso.

114. Chi è un Maestro asceso?
Ishvara: è colui che ha lasciato il corpo e che continua a svolgere la sua missione sui piani sottili.

115. Chi sono i Lemuriani?
Ishvara: l'antico popolo di Lemuria.

116. Che funzione ha avuto questo popolo nella storia?
Ishvara: è stata una civiltà molto evoluta.

117. Ci puoi parlare dell'esorcismo?
Ishvara: no.

118. E perché no?
Ishvara: per non spaventarvi.

119. Che cosa ci dovrebbe spaventare?
Ishvara: ciò che non conoscete e che non siete ancora pronti ad affrontare.

120. Maria e Dawio saranno coinvolti in un esorcismo?
Ishvara: no.

121. Un giorno dovremo tutti affrontare ciò che ci spaventa?
Ishvara: no, non tutti.

122. E chi saranno coloro che dovranno affrontare tutto ciò?
Ishvara: alcuni Maestri devono passare anche da questa esperienza.

123. In certi momenti, durante le costellazioni familiari, può sembrare di essere in una forma di esorcismo?
Ishvara: sì, possono esserci molte similitudini ma non sono del tutto uguali.

124. Ma le costellazioni familiari, allora, sono simili all'esorcismo in certi momenti?
Ishvara: sì, possono dare questa impressione, ma non per questo sono meno efficaci.

125. Noi esseri umani discendiamo tutti quanti da Adamo ed Eva?
Ishvara: no, è solo una metafora biblica.

126. Cosa sta a significare questa metafora?

Ishvara: l'entrata nella dualità della specie umana.

127. Perché il Piano divino ha voluto creare la dualità?
Ishvara: per sperimentare sé stesso anche in questo modo.

128. Lo stato di coscienza lemuriano è quello più alto?
Ishvara: no.

129. Qual è quello più alto?
Ishvara: l'Assoluto.

130. Lo stato di coscienza di Lemuria è quello subito sotto allo Stato assoluto?
Ishvara: no, ce ne sono tantissimi altri.

131. Questa civiltà lemuriana vive tuttora vicino alle Hawaii?
Ishvara: sì, ma potete incontrarla solo sui piani sottili.

132. Di cosa è costituito il DNA umano?
Ishvara: dalle vostre origini umane.

133. E quali sarebbero le nostre origini umane?
Ishvara: sono origini in parte terrestri ma anche extra terrestri.

134. C'è qualche altra informazione al riguardo del DNA e gli extraterrestri che noi dovremmo sapere?
Ishvara: sì, il primo o l'ultimo anello del vostro DNA risiede in Dio.

135. Che cos'è l'esperimento Atlas?
Ishvara: è un tentativo di sondare nuovi orizzonti nel campo della scienza delle particelle.

136. E dove li fanno questi esperimenti?
Ishvara: in Svizzera, ma ci sono canali più appropriati per dare questo genere di risposte.

137. Dobbiamo mettere ancora una conclusione al libro?
Ishvara: no, perché è solo l'inizio.

138. Volevamo sapere di cosa tratterà il prossimo libro?
Ishvara: ci saranno le domande e le risposte degli altri e le vostre.

139. Che tipo di domande?
Ishvara: aspettate e sentirete.

140. Hai qualcosa ancora da dire ai lettori del libro?
Ishvara: conoscete voi stessi e conoscerete Me.

141. E ultimissima domanda: c'è qualcosa che ci potresti dire, che non si trova in nessun libro e che nessuno, oltre a Te, conosce?
Ishvara: sì, voi siete selfiriani.

142. Chi sono i selfiriani? Ce lo dirà Ishvara nel prossimo libro.

Amore e Luce nei vostri Cuore.